Basiswortschatz Italienisch

Die 2000 wichtigsten Wörter

compact

Bisher sind in dieser Reihe erschienen:

- Basiswortschatz Deutsch
- Basiswortschatz Englisch
- Basiswortschatz Französisch
- Basiswortschatz Italienisch
- Basiswortschatz Spanisch

Baierbrunner Straße 27, 81379 München
Ausgabe 2016

Text: Fulvia Oddo
Redaktion: Isabella Bergmann
Fachkorrektur: Silvia Acciaioli
Produktion: Ute Hausleiter
Titelabbildung: shutterstock.com, pisaphotography
Gestaltung: Axel Ganguin; satz-studio GmbH
Umschlaggestaltung: red.sign GbR, Stuttgart

ISBN 978-3-8174-1629-5
381741629/1

www.compactverlag.de

Vorwort

Der Basiswortschatz richtet sich an alle, die ihre Italienischkenntnisse schnell erweitern oder wieder auffrischen wollen. Ob Freizeit und Hobby, Essen und Trinken oder Kommunikation und Verkehr: In 22 thematisch gegliederten Kapiteln finden Sie den wichtigsten Wortschatz und interessante Redewendungen aus allen Bereichen des täglichen Lebens. Zahlreiche Beispielsätze geben Aufschluss über die korrekte Verwendung der Vokabeln. Passend dazu erläutern Infokästen sprachliche und landeskundliche Besonderheiten. Darüber hinaus erfahren Sie, von welchen „falschen Freunden“ Sie sich im Italienisch nicht täuschen lassen dürfen.

Am Ende der Wortschatzkapitel finden Sie eine Liste der wichtigsten unregelmäßigen Verben. Ein alphabetisches Register aller italienischen und deutschen Stichwörter erleichtert das gezielte Nachschlagen.

Beachten Sie, dass bei der italienischen Sprache das Personalpronomen meist weggelassen wird. Sofern es aus dem Beispielsatz nicht hervorgeht, hat man sich bei der 3. Person Singular nur für eine Variante bei der Übersetzung entschieden: er oder sie bzw. sein oder ihr.

Die übersichtliche thematische Gliederung, das handliche Format, die Aussprachehilfen in der internationalen Lautschrift machen diesen Basiswortschatz zu einem praktischen Nachschlagewerk. So hilft es Ihnen, sich in allen Situationen des täglichen Lebens zu verständigen und die wichtigsten Wörter zu verstehen.

Viel Spaß und Erfolg beim Erlernen der italienischen Sprache!

Abkürzungen

f	feminin
m	maskulin
pl	Plural
fam	umgangssprachlich
fig	bildlich
jmd	jemand

Aussprache

Beachten Sie, dass die Betonung fast immer auf der vorletzten Wortsilbe liegt (z. B. parlare [parˈlaːre]). Steht am Wortende ein Vokal mit Akzent, so liegt die Betonung auf diesem Vokal (z. B. città [tʃitˈta]).

Lautschrift

Das Betonungszeichen (ˈ) steht jeweils vor der Silbe, die betont werden muss.

Konsonanten

Ball	b	banco
dort	d	dente
	dz	zona
	dʒ	gennaio, giorno
fliehen, vor	f	fede
geben	g	gamba, ghiaccio
Kamm, Chor	k	carta, chiave quando
Lob	l	lago
	ʎ	maglia
Maus	m	mano
nehmen	n	naso
	ɲ	gnomo
angeln, links	ŋ	fungo
Post	p	pane
Rand	r	ramo
besser, Ruß	s	sala
schwierig	ʃ	scendere, scialle
treten, Pfad	t	tasto
	ts	zio
	tʃ	cibo, ciotola
weben, Vase	v	vento, wafer
Hose	z	svuotare

Vokale

blass	a	alto, eternità
Bahn, Saal	aː	andare
egal	e	estivo
Weh, See	eː	sera
hätte, fett	ɛ	essere, cioè
Säge	ɛː	bene
Vitamin	i	infine
Liebe	iː	infine
Moral	o	volere
Boot, Ton	oː	sole
von	ɔː	lotta, ciò
	ɔː	moda
Zunge	u	dubbio, insù
Zug	uː	muro

Nasale

Orange	ã	collant

Leben und Wohnen

1. Haus

il palazzo [pa'lattso]	Gebäude
Il palazzo che cerchi è grande e ha una facciata di vetro.	Das Gebäude, das du suchst, ist riesig und hat eine Glasfront.
costruire [kostru'i:re]	bauen
la casa ['ka:sa]	Haus
il tetto ['tetto]	Dach
la parete [pa're:te]	Wand
il muro ['mu:ro]	Mauer
l'entrata [en'tra:ta]	Eingang
L'entrata si trova nel lato posteriore del palazzo.	Der Eingang befindet sich auf der Rückseite des Hauses.
l'ingresso [in'grɛsso]	Vorraum
il garage [ga'ra:ʒ]	Garage
Il garage si trova nel cortile interno.	Die Garage befindet sich im Hinterhof.
il portone [por'to:ne]	Tor
la porta ['pɔrta]	Tür
La porta era spalancata.	Die Tür war sperrangelweit geöffnet.
il campanello [kampa'nɛllo]	Klingel
la buca delle lettere ['bu:ka 'delle 'lɛttere]	Briefkasten
Si prega di lasciare il giornale nella buca delle lettere.	Bitte werfen Sie die Zeitung in den Briefkasten.
l'interruttore *m* **della luce** [interrut'tore 'della 'lu:tʃe]	Lichtschalter
la luce ['lu:tʃe]	Licht
il piano ['pia:no]	Stockwerk, Etage
I miei genitori vivono al quinto piano.	Meine Eltern wohnen in der fünften Etage.
l'ascensore *m* [aʃʃen'so:re]	Aufzug
Purtroppo il palazzo non ha ascensore.	Leider hat das Haus keinen Aufzug.
la scala ['ska:la]	Treppe
Dovevo salire le scale.	Ich musste die Treppen hinaufsteigen.

la cantina [kan'ti:na]	Keller
il pianterreno [pianter'reno]	Erdgeschoss
il sottotetto [sotto'tetto]	Dachgeschoss
la soffitta [sof'fitta]	Speicher
Conservo l'attrezzatura da sci in soffitta.	Ich bewahre die Skiausrüstung auf dem Speicher auf.
il/la vicino/a [vi'tʃi:no/a]	Nachbar(in)
la chiave ['kia:ve]	Schlüssel
il giardino [dʒar'di:no]	Garten
il recinto [re'tʃinto]	Zaun
i rifiuti *pl* [ri'fiuti]	Müll, Abfall
il cassonetto dei rifiuti [kasso'netto 'dei ri'fiuti]	Mülltonne
I cassonetti dei rifiuti si trovano proprio dietro la casa.	Die Mülltonnen stehen gleich hinter dem Haus.

2. Wohnung

l'appartamento [apparta'mento]	Wohnung
L'appartamento ha due camere da letto e un bagno a parte.	Die Wohnung hat zwei Schlafzimmer und eine separate Toilette.
il corridoio [korri'do:io]	Flur, Gang
la stanza ['stantsa]	Zimmer
il bagno ['baɲɲo]	Badezimmer
la toilette [twa'lɛt]	Toilette
il bagno degli ospiti ['baɲɲo 'deʎʎi 'ɔspiti]	(Gäste-)Toilette
Il nostro appartamento ha un bagno per gli ospiti.	Unsere Wohnung hat eine (Gäste-)Toilette.

i In Italien sind Badezimmer und Toiletten nicht getrennt. Außerdem befindet sich im Badezimmer immer auch das Bidet *(bidè).*

la sala da pranzo ['sa:la da 'prandzo]	Esszimmer

la camera da letto ['ka:mera da 'lɛtto]	Schlafzimmer
il soggiorno [sod'dʒorno]	Wohnzimmer

> Auf Italienisch wird *soggiorno* auch *salotto* genannt.

la camera dei bambini ['ka:mera de:i bam'bini]	Kinderzimmer
La camera dei bambini è molto disordinata. Ci sono giocattoli dappertutto.	Das Kinderzimmer ist sehr unordentlich. Überall liegen Spielsachen herum.
lo studio ['stu:dio]	Arbeitszimmer
la cucina [ku'tʃina]	Küche
La cucina è completamente arredata.	Die Küche ist voll ausgestattet.
il ripostiglio [ripos'tiʎʎo]	Abstellkammer
L'occorrente per pulire è nel ripostiglio.	Die Putzsachen stehen in der Abstellkammer.
il balcone [bal'ko:ne]	Balkon
la finestra [fi'nɛstra]	Fenster
il pavimento [pavi'mento]	Fußboden
il soffitto [sof'fitto]	Decke
Gli scaffali arrivano sino al soffitto.	Die Regale reichen bis zur Decke.
il riscaldamento [riskalda'mento]	Heizung
Fa freddo qui. È acceso il riscaldamento?	Es ist kalt hier. Ist die Heizung an?
la presa di corrente ['pre:sa di kor'rɛnte]	Steckdose
la spina ['spi:na]	Stecker
inserire [inse'rire]	anschließen, einstecken
Ho inserito le cuffie.	Ich habe meine Kopfhörer angeschlossen.
traslocare [trazlo'kare]	umziehen
Prima di traslocare, abbiamo dovuto rinnovare la cucina.	Vor unserem Umzug mussten wir die Küche renovieren.
il trasloco [traz'lɔko]	Umzug

il/la proprietario/a [proprie'tario/a]	Vermieter(in), Eigentümer(in), Inhaber(in)
il/la padrone/a di casa [pa'dro:ne/a di 'ka:sa]	(Haus-)Besitzer(in)
Il nostro padrone di casa ha aumentato l'affitto il mese scorso.	Unser Vermieter hat letzten Monat die Miete erhöht.
l'affitto [af'fitto]	Miete
affittare [affit'ta:re]	mieten
rinnovare [rinno'va:re]	renovieren
dipingere [di'pindʒere]	streichen

3. Einrichtung

i mobili *pl* [mɔ:bili]	Möbel
I mobili sono antichi.	Die Möbel sind antik.
il letto ['lɛtto]	Bett
la coperta [ko'pɛrta]	Bettdecke

Weitere Arten von Bettdecken sind: *il plaid* (Wolldecke) und *il piumone* (Federbett/Plumeau), *la trapunta* (Steppdecke), *il copriletto* (Tagesdecke).

il lenzuolo [len'tsuɔ:lo]	Bettlaken
il cuscino [kuʃ'ʃi:no]	Kopfkissen
l'armadio [ar'ma:diʊ]	Schrank
I vestiti sono nell'armadio.	Die Kleider sind im Schrank.
il tavolo ['ta:volo]	Tisch
la scrivania [scriva'ni:a]	Schreibtisch
la sedia ['sɛ:dia]	Stuhl
la lampada ['lampada]	Lampe

Die Deckenlampe ist keine *lampada*, sondern ein *lampadario*! Die Glühbirne heißt *lampadina*.

il tappeto [tap'pe:to]	Teppich
la tenda ['tɛnda]	Gardine

lo scaffale [skafˈfaːle]	Regal
la vetrina [veˈtriːna]	Vitrine
Il vaso cinese antico è nella vetrina.	Die antike chinesische Vase steht in der Vitrine.
il comò [koˈmɔ]	Kommode
il cassetto [kasˈsetto]	Schublade
I calzini verdi sono nel secondo cassetto a destra.	Die grünen Socken sind in der zweiten Schublade rechts.
il divano [diˈvaːno]	Sofa
lo specchio [ˈspɛkkio]	Spiegel
l'orologio [oroˈlɔdʒio]	Uhr
il quadro [ˈkuaːdro]	Bild
la cornice [korˈniːtʃe]	Bilderrahmen
Vorrei un poster con cornice.	Ich möchte gerne ein Poster mit Rahmen.
accogliente [akkoʎˈʎɛnte]	gemütlich
Il tuo appartamento è molto accogliente.	Deine Wohnung ist sehr gemütlich.

4. Kleidung

i vestiti *pl* [vesˈtiːti]	Kleidung
Devo comprarmi dei vestiti nuovi.	Ich muss mir neue Kleidung kaufen.

> *i* Das Bekleidungsgeschäft ist *il negozio di abbigliamento.*

i pantaloni *pl* [pantaˈloni]	Hose
Si è comprato dei pantaloni molto comodi.	Er hat sich sehr bequeme Hosen gekauft.
la tasca [ˈtaska]	(Hosen-)Tasche
Il cappotto ha due tasche.	Der Mantel hat zwei Taschen.
il bottone [botˈtone]	Knopf
Mi manca un bottone alla camicetta.	An meiner Bluse fehlt ein Knopf.
la cerniera [tʃerˈniɛːra]	Reißverschluss
la camicia [kaˈmiːtʃa]	Hemd
la manica [ˈmaːnika]	Ärmel

il collo [ˈkɔllo]	Kragen
Il collo è troppo largo.	Der Kragen ist zu weit.
la maglietta [maʎˈʎetta]	T-Shirt
la gonna [ˈgɔnna]	Rock
l'orlo [ˈorlo]	Saum
la camicetta [kamiˈtʃetta]	Bluse
il vestito [vesˈtiːto]	Kleid
vestirsi [vesˈtirsi]	sich anziehen
Ama vestirsi alla moda.	Sie trägt gerne modische Kleider.
È sempre molto ben vestita.	Sie ist immer sehr gut angezogen.
il maglione [maʎˈʎone]	Pullover
l'abito (da uomo) [ˈaːbito (da uɔːmo)]	Anzug
Il suo abito era molto elegante.	Sein Anzug war sehr elegant.
il tailleur [taˈjœːr]	Kostüm
il cappotto [kapˈpɔtto]	Mantel
la giacca [ˈdʒakka]	Jacke
la maglieria intima [maʎʎeˈria ˈintima]	Unterwäsche
il calzino [kalˈtsino]	Socken
la calza [ˈkaltsa]	Strumpf
la calzamaglia [kaltsaˈmaʎʎa]	Strumpfhose
i collant *pl* [kɔˈlã]	Nylonstrümpfe
la scarpa [ˈskarpa]	Schuh
la scarpa da ginnastica [ˈskarpa da dʒinˈnastika]	Turnschuh

Auf Italienisch werden *scarpe da ginnastica* auch *scarpe da tennis* genannt.

gli stivali *pl* [stiˈvali]	Stiefel
la moda [ˈmɔːda]	Mode
stare bene [ˈstaːre ˈbɛːne]	gut stehen
Questo colore ti sta bene.	Diese Farbe steht dir gut.
andare bene [anˈdaːre ˈbɛːne]	passen
La camicia non va bene.	Das Hemd passt nicht.

la taglia [ˈtaʎʎa]	Größe
Vorrei provare un'altra taglia.	Ich würde gerne eine andere Größe anprobieren.

Zu Größe kann man auch *misura* sagen. Bei Schuhgrößen spricht man von *numero.* Achtung! Das Größensystem für Damenbekleidung ist in Italien anders als in Deutschland:

Italien	Deutschland
40	34
42	38
44	40
46	42
48	44

portare [porˈtaːre]	tragen
alla moda [ˈalla ˈmɔːda]	modisch
antiquato/a [antiˈkuaːto/a]	altmodisch
comodo/a [ˈkɔmodo/a]	bequem
scomodo/a [ˈskɔmodo/a]	unbequem

5. Accessoires

gli accessori *pl* [attʃesˈsɔːri]	Accessoires
la borsa [ˈborsa]	(Hand-)Tasche
Ho dimenticato il cellulare nella borsa.	Ich habe mein Handy in der Handtasche vergessen.
il sacchetto [sakˈketto]	Tasche, Tüte
Ha messo i vestiti vecchi in un sacchetto.	Sie hat ihre alten Kleider in eine Tüte gestopft.
il cappello [kapˈpɛllo]	Hut
il berretto [berˈretto]	Mütze
il cappello con la visiera [kapˈpɛllo con la viˈsiɛːra]	Kappe
la sciarpa [ˈʃaːrpa]	Schal
il foulard [fuˈlaːr]	Halstuch
l'ombrello [omˈbrɛllo]	Schirm

la cravatta [kra'vatta]	Krawatte
i guanti *pl* ['guanti]	Handschuhe
il fazzoletto [fattso'letto]	Taschentuch
gli occhiali *pl* [ok'kia:li]	Brille
Ho rotto gli occhiali.	Ich habe meine Brille kaputt gemacht.
gli occhiali *pl* **da sole** [ok'kia:li da so:le]	Sonnenbrille
l'orologio da polso [oro'lɔdʒo da 'polso]	Armbanduhr
il portafoglio [porta'fɔʎʎo]	Brieftasche
il borsellino [borsel'lino]	Geldbeutel

i Man bezeichnet den Geldbeutel oft auch als *portamonete*.

la cintura [tʃin'tu:ra]	Gürtel
il fermacapelli [fermaka'pelli]	Haarspange
i gioielli *pl* [dʒo'iɛlli]	Schmuck
l'anello [a'nɛllo]	Ring
la collana [kol'lana]	Kette

i Ein Kettchen wird entweder *la catenina* oder *la collanina* genannt.

il bracciale [brat'tʃa:le]	Armband, Armreif
la spilla ['spilla]	Brosche
gli orecchini *pl* [orek'kini]	Ohrringe

6. Bad

la doccia ['dottʃa]	Dusche
fare la doccia ['fa:re la 'dottʃa]	duschen
Faccio una breve doccia per rinfrescarmi.	Ich gehe schnell unter die Dusche, um mich zu erfrischen.

la vasca da bagno ['vaska da 'baɲɲo]	Badewanne
fare il bagno ['fa:re il 'baɲɲo]	baden
il lavabo [la'vabo]	Waschbecken
l'asciugamano [aʃʃuga'mano]	Handtuch
il sapone [sa'po:ne]	Seife
Il sapone è scivolato sotto il lavabo.	Die Seife ist unter das Waschbecken gerutscht.
lo spazzolino [spattso'li:no]	Zahnbürste
il dentifricio [denti'fri:tʃo]	Zahnpasta
lavarsi [la'va:rsi]	sich waschen
rasarsi [ra'sa:rsi]	sich rasieren
Si è lavato, si è rasato e si è vestito.	Er wusch sich, rasierte sich und zog sich an.

ℹ Statt *radersi* oder *rasarsi* kann man auch *farsi la barba* sagen.

la lametta da barba [la'metta da 'barba]	Rasierklinge
il rasoio [ra'so:io]	Rasierapparat
il pettine ['pɛttine]	Kamm
pettinarsi [petti'na:rsi]	sich kämmen
Mi devo pettinare.	Ich muss mich kämmen.
la spazzola ['spattsola]	Bürste
spazzolare [spattso'la:re]	bürsten
l'asciugacapelli *m* [aʃʃugaka'pelli]	Fön
il deodorante [deodo'rante]	Deo
la crema ['krɛ:ma]	Creme
la lozione [lot'sione]	Lotion
il bagnoschiuma [baɲɲo'skiu:ma]	Duschgel
il trucco ['trukko]	Schminke
la salvietta struccante [sal'vietta struk'kante]	Kosmetiktuch (zum Abschminken)
la carta igienica ['karta i'dʒɛ:nika]	Toilettenpapier
È finita la carta igienica.	Es ist kein Toilettenpapier mehr da.

7. Küche und Küchenutensilien

il fornello [for'nɛllo]	Herd
Non dimenticare di spegnere il fornello prima di uscire di casa.	Vergiss nicht, den Herd auszustellen, bevor du aus dem Haus gehst.
il forno ['forno]	Ofen
il frigorifero [frigo'ri:fero]	Kühlschrank
La birra è in frigorifero.	Das Bier steht im Kühlschrank.
l'armadietto da cucina [arma'dietto da ku'tʃi:na]	Küchenschrank
il congelatore [kondʒela'to:re]	Tiefkühltruhe
il forno a microonde ['forno a mikro'onde]	Mikrowelle
il lavello [la'vɛllo]	Spülbecken
la pentola ['pentola]	Topf
il coperchio [ko'pɛ:rkio]	Deckel
la padella [pa'dɛlla]	Pfanne
Devo comprare un nuovo set di padelle.	Ich muss ein neues Pfannen-Set kaufen.
il colino [ko'li:no]	Sieb
la scodella [sco'dɛlla]	Schüssel
il cucchiaio di legno [kuk'kia:io di 'leɲɲo]	Holzlöffel, Kochlöffel
l'apriscatole *m* [apri'ska:tole]	Dosenöffner
la scatola ['ska:tola]	Dose
Non mi piacciono i cibi in scatola.	Ich esse nicht gern Lebensmittel aus der Dose.
l'apribottiglie *m* [apribot'tiʎʎe]	Flaschenöffner
il cavatappi [kava'tappi]	Korkenzieher
la cannuccia [kan'nutʃʃa]	Strohhalm
Posso avere una cannuccia per la coca cola?	Kann ich einen Strohhalm für die Coca-Cola haben?
la tovaglia (da tavola) [to'vaʎʎa (da 'tavola)]	Tischdecke
il tovagliolo [tovaʎ'ʎɔ:lo]	Serviette
Preferisco i tovaglioli di carta, sono molto più pratici.	Ich ziehe Papierservietten vor, sie sind einfach viel praktischer.

8. Haushalt

i lavori di casa *pl* [laˈvoːri di ˈkaːsa]	Haushalt, Hausarbeit
la casalinga [kasaˈliŋga]	Hausfrau

> Die Reinigungsfrau heißt *donna di servizio* oder *donna delle pulizie*. Heutzutage sagt man auch oft *colf (collaboratore familiare)*.

il ferro da stiro [ˈfɛrro da ˈstiːro]	Bügeleisen
stirare [stiˈraːre]	bügeln
Fammi stirare la tua camicia, è tutta sgualcita.	Lass mich dein Hemd bügeln, es ist ganz verknittert.
l'aspirapolvere *m* [aspiraˈpolvere]	Staubsauger
passare l'aspirapolvere [pasˈsaːre laspiraˈpolvere]	staubsaugen
spazzare [spatˈtsaːre]	fegen
passare lo straccio [pasˈsaːre lo ˈstratʃʃo]	(ab)wischen
asciugare [aʃʃuˈgaːre]	abtrocknen
la polvere [ˈpolvere]	Staub
spolverare [spolveˈraːre]	abstauben
La donna delle pulizie ha spolverato la libreria e ha passato lo straccio per terra.	Die Reinigungsfrau hat das Bücherregal abgestaubt und den Boden gewischt.
lavare i piatti *pl* [laˈvaːre i ˈpiatti]	(Geschirr) spülen
la lavastoviglie [lavastoˈviʎʎe]	Geschirrspülmaschine
la lavatrice [lavaˈtriːtʃe]	Waschmaschine
Ho caricato la lavatrice.	Ich habe die Waschmaschine beladen.

> Es gibt einen Unterschied zwischen *lavatrice* und *lavapiatti*. *Lavatrice* ist die Geschirrspülmaschine während *lavapiatti* der Tellerwäscher in einer Bar oder einem Restaurant ist.

la biancheria [bianke'ria]	Wäsche
Prima di andare a fare la spesa, devo ancora lavare la biancheria.	Bevor wir einkaufen gehen, muss ich noch die Wäsche waschen.
il detersivo [deter'si:vo]	Putzmittel
lo strofinaccio [strofi'natʃʃo]	Putzlappen
la scopa ['sko:pa]	Besen
il secchio ['sekkio]	Eimer
mettere in ordine ['mɛtte:re in 'ordi:ne]	aufräumen
Metto in ordine la casa.	Ich räume das Haus auf.

Viele Hausarbeiten werden auf Italienisch mit dem Verb *passare* umschrieben: *passare la scopa* (kehren), *passare lo strofinaccio da spolverare* (Staub wischen), *passare l'aspirapolvere* (staubsaugen).
Oft wird auch das Verb *fare* gebraucht: *fare il letto* (das Bett machen), *fare da mangiare* (Essen machen), *fare i piatti* (das Geschirr abspülen), *fare il bucato* (Wäsche waschen).

pulire [pu'li:re]	putzen
Pulisco la casa.	Ich putze das Haus.
pulito/a [pu'li:to/a]	sauber
il cestino (per la carta) [tʃes'ti:no (per la 'carta)]	Papierkorb
sporco/a ['spɔ:rco/a]	schmutzig
I piatti sono ancora sporchi.	Die Teller sind noch schmutzig.
la macchia ['makkia]	Fleck
Il tuo vestito nuovo è pieno di macchie.	Dein neues Kleid ist voller Flecken.
il buco ['bu:ko]	Loch
ordinato/a [ordi'na:to/a]	ordentlich
Il suo appartamento è sempre pulito e ordinato.	Ihre Wohnung ist immer sauber und ordentlich.
disordinato/a [disordi'na:to/a]	unordentlich
Giulia è una persona così disordinata!	Julia ist so ein unordentlicher Mensch!
il disordine [di'zordine]	Unordnung
la confusione [konfu'sio:ne]	Durcheinander
Che confusione!	Was für ein Durcheinander!

9. Gebrauchsgegenstände

le forbici *pl* ['fɔːrbitʃi]	Schere
Le forbici non tagliano bene, non sono affilate.	Die Schere schneidet nicht gut, sie ist stumpf.
la matita [ma'tiːta]	Bleistift
la (penna) biro® [('penna) 'biːro]	Kugelschreiber
il blocco ['blɔkko]	Notizblock
la graffetta [graf'fetta]	Büroklammer
il nastro adesivo ['nastro ade'siːvo]	Klebeband
la colla ['kɔlla]	Klebstoff
la calcolatrice (tascabile) [kalkola'triːtʃe (ta'skaːbile)]	Taschenrechner
il perforatore [perfora'toːre]	Locher
la gomma ['gomma]	Radiergummi
il temperamatite [tɛmperama'tiːte]	Bleistiftspitzer
la spillatrice [spilla'triːtʃe]	Hefter
la carta ['karta]	Papier
il foglio ['fɔʎʎo]	Blatt
Ho bisogno di un foglio di carta.	Ich brauche ein Blatt Papier.
la lavagna [la'vaɲɲa]	Tafel
Ho attaccato la lista della spesa alla lavagna della cucina.	Ich habe die Einkaufsliste an die Küchentafel geheftet.
l'occorrente *m* **per cucire** [okkor'rɛnte per ku'tʃiːre]	Nähzeug
lo spillo ['spillo]	Stecknadel
l'ago ['aːgo]	Nähnadel
la spilla da balia ['spilla da 'baːlia]	Sicherheitsnadel
la molletta (per il bucato) [mol'letta (per il bu'kato)]	Wäscheklammer
la scatola ['skaːtola]	Schachtel, Kiste
il filo ['fiːlo]	Schnur
il fiammifero [fiam'miːfero]	Streichholz
Hai dei fiammiferi per accendere la candela?	Hast du Streichhölzer, um die Kerze anzuzünden?
l'accendino [attʃen'diːno]	Feuerzeug

la candela [kan'de:la]	Kerze
la lampadina tascabile ['lampa'di:na ta'ska:bile]	Taschenlampe

10. Reparieren

la cassetta degli attrezzi [kas'setta 'deʎʎi at'tre:ttsi]	Werkzeugkoffer/-kasten
La cassetta degli attrezzi è in soffitta.	Der Werkzeugkasten ist auf dem Dachboden.
l'attrezzo [at'tre:ttso]	Werkzeug
l'artigiano/a [arti'dʒa:no/a]	Handwerker(in)
il martello [mar'tɛllo]	Hammer
le tenaglie *pl* [te'naʎʎe]	Zange
il trapano ['tra:pano]	Bohrer
Ha fatto un buco nella parete con il trapano.	Er hat ein Loch mit dem Bohrer in die Wand gebohrt.
il cacciavite [kattʃa'vi:te]	Schraubenzieher
Mi serve il cacciavite.	Ich brauche den Schraubenzieher.
la vite ['vi:te]	Schraube
il chiodo ['kiɔ:do]	Nagel
il gancio ['gantʃo]	Haken
la sega ['se:ga]	Säge
montare [mon'ta:re]	aufbauen, montieren
smontare [smon'ta:re]	zerlegen, abbauen
riparare [ripa'ra:re]	reparieren

11. Einkaufen

comprare [kom'pra:re]	kaufen
vendere ['ve:ndere]	verkaufen
fare la spesa ['fa:re la 'spe:sa]	einkaufen
la lista della spesa ['lista 'della 'spe:sa]	Einkaufsliste
La lista della spesa è troppo lunga.	Die Einkaufsliste ist viel zu lang.

il/la commesso/a [kom'messo/a]	Verkäufer(in)
prendere nota ['prɛndere 'noːta]	aufschreiben
il negozio [ne'gɔtsio]	Geschäft
il supermercato [supermer'kaːto]	Supermarkt
il panificio [pani'fiːtʃo]	Bäckerei
la macelleria [matʃelle'riːa]	Metzgerei
la lavanderia (a secco) [lavande'riːa (a 'sekko)]	Reinigung
il calzolaio [kaltso'laːio]	Schuster
il grande magazzino ['grande magad'dzino]	Kaufhaus
la vetrina [ve'triːna]	Schaufenster
la cassa ['kassa]	Kasse
la fila (di persone) ['fiːla (di per'soːne)]	(Menschen-)Schlange
Come al solito c'era una lunga fila alla cassa.	Wie immer gab es an der Kasse eine lange Schlange.
essere in fila ['essere in 'fiːla]	Schlange stehen
lo sconto ['skonto]	Rabatt
il prezzo ['prɛttso]	Preis
l'offerta speciale [of'fɛːrta spe'tʃaːle]	Sonderangebot
l'occasione *f* [okka'sioːne]	Schnäppchen
scontato/a [skon'taːto/a]	heruntergesetzt
Le scarpe erano scontate.	Die Schuhe waren heruntergesetzt.
economico/a [eko'noːmiko/a]	billig, preiswert
Questa maglietta era economica.	Dieses T-Shirt war billig.
a buon prezzo [a bu'on 'prɛttso]	preiswert
costoso/a [ko'stoːso/a]	teuer
costare [ko'staːre]	kosten
pagare [pa'gaːre]	bezahlen
lo scontrino [skon'triːno]	Kassenzettel
Conservo sempre lo scontrino.	Ich hebe immer den Kassenzettel auf.

i Wenn man in eine italienische *bar* geht um etwas zu konsumieren, muss man zuerst an der Kasse bezahlen. Mit dem Kassenzettel geht man dann zur Theke und gibt seine Bestellung auf.

Essen, Trinken und Genussmittel

1. Nahrungs- und Genussmittel

i generi alimentari *pl* [ˈdʒɛːneri alimenˈtaːri]	Lebensmittel, Essen
il cibo [ˈtʃiːbo]	Nahrung
la carne [ˈkarne]	Fleisch
gli affettati *pl* [affetˈtaːti]	Wurst, Aufschnitt
il prosciutto [proʃˈʃutto]	Schinken
il wurstel [ˈvurstel]	Würstchen
la carne di manzo [ˈkarne di ˈmandzo]	Rindfleisch
la carne di vitello [ˈkarne di viˈtɛllo]	Kalbfleisch
la carne di agnello [ˈkarne di aɲˈɲɛllo]	Lammfleisch
la carne di maiale [ˈkarne di maˈiaːle]	Schweinefleisch
la carne di pollo [ˈkarne di ˈpollo]	Geflügelfleisch
La carne di pollo è buona.	Geflügelfleisch ist gut.
il pesce [ˈpeʃʃe]	Fisch
la farina [faˈriːna]	Mehl
lo zucchero [ˈtsukkero]	Zucker
il riso [ˈriːso]	Reis
la pasta [ˈpasta]	Nudeln; Kleingebäck

i Nudeln sind *das* italienische Nationalgericht. Man isst sie sowohl zum Mittag- als auch zum Abendessen, in manchen Familien sogar zweimal am Tag. Der Begriff *pasta* bezeichnet Nudeln im Allgemeinen, aber auch süßes Kleingebäck. Es gibt verschiedene Sorten von Nudeln, die zu unterschiedlichen Saucen passen: *penne, fusilli, spaghetti* usw. Auch Vollkornnudeln *(pasta integrale)* findet man in vielen Supermärkten. Die Nudeln, die sich im Kühlregal befinden, (z. B. *tagliatelle, ravioli, tortellini*) nennt man *pasta fresca* und werden frisch hergestellt. Nicht vergessen: Nudeln werden immer *al dente* in viel Salzwasser gekocht!

il pane ['paːne]	Brot
il panino [pa'niːno]	Brötchen
la torta ['torta]	Kuchen, Torte
il biscotto [bis'kɔtto]	Keks
i dolci *pl* ['doltʃi]	Süßigkeiten
il cioccolato [tʃokko'laːto]	Schokolade
il gelato [dʒe'laːto]	Eis
il burro ['burro]	Butter
la panna ['panna]	Sahne
lo yogurt ['iɔːgurt]	Jogurt
il formaggio [for'maddʒo]	Käse
l'uovo ['uɔːvo]	Ei

Achtung! Der Plural von *l'uovo (m)* ist *le uova (f)*.

l'olio ['ɔlio]	Öl

Das Olivenöl *(l'olio d'oliva)* ist ein Bestandteil der mediterranen Küche und wird in vielen italienischen Gerichten (Salat, Nudeln, Gemüse, Fleisch, Fisch usw.) benutzt. Die italienische Bevölkerung hat statistisch gesehen eine höhere Lebenserwartung als andere europäische Länder. Dies wird unter anderem auf die mediterrane Küche, insbesondere auf die Verwendung von Olivenöl zurückgeführt. Besonders hochwertig ist *l'olio d'oliva extra vergine* (natives Olivenöl extra, 1. Pressung).

l'aceto [a'tʃeːto]	Essig
le spezie *pl* ['spɛtsie]	Gewürze
il sale ['saːle]	Salz
il pepe ['peːpe]	Pfeffer
il miele ['miɛːle]	Honig
la marmellata [marmel'laːta]	Marmelade
la noce ['noːtʃe]	Nuss
il latte ['latte]	Milch
Amo latte fresco.	Ich liebe frische Milch.
il caffè [kaf'fe]	Kaffee
il tè [tɛ]	Tee

Aufpassen! Mit *tè* ist grundsätzlich schwarzer Tee gemeint. Kamillentee ist *camomilla*, Kräutertee *tisana*, Pfefferminztee *tè alla menta* und grüner Tee *tè verde*.

il succo ['sukko]	Saft
l'acqua ['akkua]	Wasser

Wenn man in einem italienischen Restaurant Wasser bestellt, bekommt man normalerweise *acqua naturale* (umgangssprachlich auch *liscia*), stilles Wasser. Wasser mit Kohlensäure ist *acqua gassata* oder *frizzante*, trinkbares Leitungswasser ist *acqua corrente*.

il vino ['vi:no]	Wein
la birra ['birra]	Bier
il tabacco [ta'bakko]	Tabak
la sigaretta [siga'retta]	Zigarette
il sigaro ['si:garo]	Zigarre
la pipa ['pi:pa]	Pfeife

2. Obst

la frutta ['frutta]	Obst, Früchte
Come dessert ho ordinato frutta di stagione.	Als Dessert habe ich Früchte der Saison bestellt.
la mela ['me:la]	Apfel
la pera ['pe:ra]	Birne
l'arancia [a'rantʃa]	Orange
Le arance sono molto succose.	Die Orangen sind sehr saftig.
il limone [li'mo:ne]	Zitrone
I limoni sono estremamente aspri.	Die Zitronen sind extrem sauer.
il pompelmo [pom'pɛlmo]	Grapefruit, Pampelmuse

Sono alla frutta! sagt man umgangssprachlich zu „Ich bin fix und fertig!".

l'ananas *m* ['a:nanas]	Ananas

la banana [ba'na:na]	Banane
la prugna ['pruɲɲa]	Pflaume
la ciliegia [tʃi'liɛ:dʒa]	Kirsche
Le ciliegie sembrano mature.	Die Kirschen sehen reif aus.
la fragola ['fra:gola]	Erdbeere
il lampone [lam'po:ne]	Himbeere
la mora ['mɔ:ra]	Brombeere
il mirtillo [mir'tillo]	Heidelbeere
il melone [me'lo:ne]	Melone

Für Wassermelone verwendet man die Wörter *il cocomero* oder *l'anguria*. In Neapel nennt man sie auch *melone d'acqua* (genau wie auf Deutsch!).

l'uva ['u:va]	Traube
L'uva ha molti semini.	Die Trauben haben viele Kerne.
l'albicocca [albi'kɔkka]	Aprikose
la pesca ['pɛska]	Pfirsich
il kiwi ['kiwi]	Kiwi
I kiwi contengono molte vitamine.	Kiwis enthalten viele Vitamine.

3. Gemüse

la verdura [ver'du:ra]	Gemüse
La verdura cruda non fa bene alla tua digestione.	Rohes Gemüse ist nicht gut für deine Verdauung.
il peperone [pepe'ro:ne]	Paprika

Achtung! In Italien heißt Paprika *il peperone*, während *la paprica* nur ein Paprikagewürz ist. Eine scharfe Pfefferschote ist *il peperoncino*.

la cipolla [tʃi'polla]	Zwiebel
il pomodoro [pomo'dɔ:ro]	Tomate
il cetriolo [tʃetri'ɔ:lo]	Gurke
la patata [pa'ta:ta]	Kartoffel

il pisello [pi'sɛllo]	Erbse
il fagiolo [fa'dʒɔ:lo]	Bohne
la carota [ka'rɔ:ta]	Karotte
lo spinacio [spi'na:tʃo]	Spinat
Non mi piacciono gli spinaci.	Ich mag keinen Spinat.
il cavolo ['ka:volo]	Kohl
il cavolfiore [kavol'fio:re]	Blumenkohl
la melanzana [melan'dza:na]	Aubergine
il mais ['ma:is]	Mais

Mais ist der Hauptbestandteil der *polenta*, eine Spezialität aus Norditalien, die sowohl mit Fleisch als auch Fisch und Gemüse zubereitet wird. *Polenta* schmeckt auch gebraten oder frittiert sehr gut!

l'insalata [insa'la:ta]	Salat
la zucchina [tsuk'ki:na]	Zucchini
l'aglio ['aʎʎo]	Knoblauch

4. Zubereitung und Verzehr von Speisen

mangiare [man'dʒa:re]	essen
bere ['be:re]	trinken
la bibita ['bi:bita]	Getränk
la pietanza [pie'tantsa]	Speise, Gericht
il pasto ['pa:sto]	Mahlzeit
Dovresti mangiare tre pasti al giorno.	Du solltest drei Mahlzeiten am Tag essen.
la (prima) colazione ['pri:ma) kolat'tsio:ne]	Frühstück

Ein typisch italienisches Frühstück besteht aus einem *espresso* oder *cappuccino* und *cornetti* (süße, teilweise mit Marmelade, Schokolade oder Pudding gefüllte Hörnchen). Sehr verbreitet besonders unter Kindern sind auch Kekse und Getreideflocken zum Frühstück.

il pranzo ['prandzo]	Mittagessen
lo spuntino [spun'ti:no]	Imbiss, Snack
Non ho molta fame. Vorrei solo uno spuntino.	Ich bin nicht sehr hungrig. Ich möchte nur einen kleinen Imbiss.
la cena ['tʃe:na]	Abendessen
preparare [prepa'ra:re]	zubereiten
cucinare [kutʃi'na:re]	kochen
cucinare al forno [kutʃi'na:re al 'forno]	backen
arrostire [arro'sti:re]	braten
l'arrosto [ar'rɔsto]	Braten
grigliare [griʎ'ʎa:re]	grillen
tagliare [taʎ'ʎa:re]	schneiden
tritare [tri'ta:re]	hacken
Se vuoi fare le polpette di carne, hai bisogno di carne tritata.	Wenn du Fleischbällchen machen willst, brauchst du Hackfleisch.
mescolare [mesko'la:re]	umrühren
Devi mescolare la zuppa, altrimenti si attacca.	Du musst die Suppe umrühren, sonst brennt sie an.
la griglia ['griʎʎa]	Grill
la zuppa ['tsuppa]	Suppe
affamato/a [affa'ma:to/a]	hungrig
assetato/a [asse'ta:to/a]	durstig

ℹ Häufiger sagt man *ho fame* statt *sono affamato* oder *ho sete* statt *sono assetato.*

sazio/a ['satsio/a]	satt
Sono così sazio che non posso muovermi.	Ich bin so satt, dass ich mich nicht bewegen kann.
dolce ['doltʃe]	süß
acido/a ['atʃi:do/a]	sauer
amaro/a [a'ma:ro/a]	bitter
salato/a [sa'la:to/a]	salzig
piccante [pik'kante]	scharf
Il cibo messicano è molto piccante.	Mexikanisches Essen ist sehr scharf.

saporito/a [sapo'ri:to/a]	würzig, geschmackvoll
fresco/a ['fresko/a]	frisch

Fresco bedeutet sowohl frisch als auch kühl.

Mangio volentieri frutta fresca.	Ich esse gerne frisches Obst.
Oggi c'è fresco.	Heute ist es kühl.

andare a male [an'da:re a 'ma:le]	verderben
Se non metti gli alimenti in frigo, vanno a male.	Wenn du die Lebensmittel nicht in den Kühlschrank tust, werden sie schlecht.
avariato/a [ava'ria:to/a]	verdorben
assaggiare [assad'dʒa:re]	probieren
Posso assaggiare la salsa?	Kann ich mal die Soße probieren?

5. Geschirr und Besteck

le stoviglie *pl* [sto'viʎʎe]	Geschirr
la porcellana [portʃel'la:na]	Porzellan
le posate *pl* [po'sa:te]	Besteck
il piatto ['piatto]	Teller, Gang
Come primo piatto abbiamo mangiato la pasta.	Als ersten Gang haben wir Nudeln gegessen.
la tazza ['tattsa]	Tasse, Becher
il piattino [piat'ti:no]	Untertasse, Tellerchen
la ciotola ['tʃɔ:tola]	Schüssel
il piatto fondo ['piatto 'fondo]	Suppenteller
la bottiglia [bot'tiʎʎa]	Flasche
il bicchiere [bik'kiɛ:re]	Glas
il bricco ['brikko]	Kanne
il coltello [kol'tɛllo]	Messer
la forchetta [for'ketta]	Gabel
il cucchiaio [kuk'kia:io]	Esslöffel
il cucchiaino [kukkia'ino]	Teelöffel
apparecchiare (la tavola) [apparek'kia:re (la 'ta:vola)]	Tisch decken

6. Restaurant

il ristorante [risto'rante]	Restaurant
prenotare [preno'ta:re]	reservieren
il bar [bar]	Bar, Café, Lokal

> *i* Achtung! In Italien heißt *bar* Café während *pub* das Nachtlokal ist.

il banco ['baŋko]	Theke
il/la cameriere/a [kame'riɛ:re/a]	Kellner(in)
servire [ser'vi:re]	bedienen
portare [por'ta:re]	bringen
ordinare [ordi'na:re]	bestellen
Vorrei ordinare un piatto di pasta.	Ich möchte gerne ein Nudelgericht bestellen.
il menu [me'nu]	Speisekarte, Menü
Posso avere il menu, per favore?	Kann ich bitte die Speisekarte haben?
l'antipasto [anti'pasto]	Vorspeise
il primo piatto ['pri:mo 'piatto]	erster Gang
Prendo salmone affumicato come antipasto e come primo piatto la pasta carbonara.	Ich nehme den Räucherlachs als Vorspeise und als ersten Gang die Spaghetti Carbonara.

> *i* In Italien besteht ein vollständiges Mittagessen aus: *primo* (Nudeln, Reis, Suppe), *secondo* (Fleisch oder Fisch), *contorno* (Salat oder Gemüse), *dessert* (Obst, Käse, Nachtisch) und zum Schluss noch einen Kaffee (*espresso*, keinen *cappuccino*!) und/oder einen Verdauungsschnaps. Allerdings wird heute aus Zeitmangel vielerorts nicht jeden Tag so üppig gekocht, sondern hauptsächlich sonntags und dann für die ganze Familie oder auch für Freunde.

il contorno [kon'torno]	Beilage
il dessert [de'sɛ:r]	Dessert
il conto ['konto]	Rechnung
Il conto, per favore!	Die Rechnung bitte!
la mancia ['mantʃa]	Trinkgeld

Der Mensch und sein soziales Umfeld

1. Körper und Gestalt

la persona [per'soːna]	Mensch, Person
umano/a [u'maːno/a]	menschlich
la gente ['dʒɛnte]	Menschen, Leute

Aufpassen! Im Gegensatz zum Deutschen wird das Wort *gente* nur im Singular benutzt: *Oggi c'era tanta gente in banca.* Heute waren viele Leute in der Bank. Man kann statt *gente* das Wort *persone* im Plural benutzen.

il corpo ['kɔrpo]	Körper
la forma ['forma]	Gestalt, Form
È in buona forma.	Er ist in ziemlich guter Form.
la testa ['tɛsta]	Kopf
il cervello [tʃer'vɛllo]	Gehirn
la fronte ['fronte]	Stirn
il capello [ka'pello]	Haar
Maria ha i capelli molto lunghi.	Maria hat ganz lange Haare.
il viso ['viːso]	Gesicht
l'occhio ['ɔkkio]	Auge
l'orecchio [o'rekkio]	Ohr
Erano tutt'orecchi. *fig*	Sie waren ganz Ohr.

Im Italienischen wechseln viele Körperteile das Geschlecht vom Singular in den Plural:

Singular	Plural
l'orecchio (Ohr)	*le orecchie (auch gli orecchi)*
il dito (Finger)	*le dita*
il ginocchio (Knie)	*le ginocchia (auch i ginocchi)*
l'osso (Knochen)	*le ossa*
il braccio (Arm)	*le braccia*

il naso ['naːso]	Nase
la bocca ['bokka]	Mund

il mento ['mento] — Kinn
il dente ['dɛnte] — Zahn
I denti di Luigi sono tutti storti. — Luigis Zähne sind alle schief.
la lingua ['liŋgua] — Zunge
le labbra *pl* ['labbra] — Lippen
Anna ha delle labbra sensuali. — Anna hat sinnliche Lippen.
la barba ['barba] — Bart
il respiro [res'piːro] — Atem
Non appena ha saputo la notizia, ha preso un bel respiro. — Als sie von der Nachricht erfuhr, holte sie einmal tief Luft.
respirare [respi'raːre] — atmen
il collo ['kɔllo] — Hals
Il collo della giraffa è molto lungo. — Der Hals der Giraffe ist sehr lang.
la nuca ['nuːka] — Nacken
Mi sono seduta alla corrente e adesso ho la nuca intirizzita. — Ich saß im Durchzug und jetzt ist mein Nacken ganz steif.
la spalla ['spalla] — Schulter
il braccio ['brattʃo] — Arm
la mano ['maːno] — Hand
Posso darti una mano? *fig* — Kann ich dir helfen?

> *La mano* ist feminin, obwohl die Wörter mit Endung *–o* normalerweise maskulin sind.
> Der Plural von *la mano* ist *le mani.*

il dito ['diːto] — Finger
il petto ['pɛtto] — Brust
la schiena ['skiɛːna] — Rücken
Mi fa male la schiena perché ho sollevato troppo peso. — Mein Rücken tut mir weh, weil ich zu viel Gewicht gestemmt habe.
la pancia ['pantʃa] — Bauch
lo stomaco ['stɔːmako] — Magen
il sedere [se'deːre] — Gesäß
la gamba ['gamba] — Bein
Ho le gambe addormentate. — Meine Beine sind eingeschlafen.
il ginocchio [dʒi'nɔkkio] — Knie
il piede ['piɛːde] — Fuß

È abbastanza grande da stare in piedi da sola.	Sie ist alt genug, um auf eigenen Füßen zu stehen.
il dito del piede ['di:to del 'piɛ:de]	Zehe
l'unghia ['uŋgia]	Nagel
la pelle ['pɛlle]	Haut
Aveva una pelle liscia come seta. *fig*	Sie hatte eine Haut wie Porzellan.
l'osso ['ɔsso]	Knochen
il cuore ['kuɔ:re]	Herz
il sangue ['saŋgue]	Blut
Questo cavallo è un purosangue.	Das ist ein Vollblutpferd.

2. Aussehen

carino/a [ka'ri:no/a]	hübsch
È una ragazza carina.	Sie ist ein hübsches Mädchen.
bello/a ['bɛllo/a]	schön, gut aussehen
Stefano è davvero bello.	Stefano sieht wirklich gut aus.
brutto/a ['brutto/a]	hässlich
alto/a ['alto/a]	groß
Quanto sei alto?	Wie groß bist du?
basso/a ['basso/a]	klein
Le persone basse non arrivano agli scaffali alti nel supermercato.	Kleine Menschen kommen nicht an die hohen Regale im Supermarkt heran.
attraente [attra'ɛnte]	attraktiv
grasso/a ['grasso/a]	dick
Hai visto quella signora grassa là?	Hast du die dicke Frau dort drüben gesehen?
magro/a ['ma:gro/a]	dünn
Alessandra è dimagrita di dieci chili. È molto magra.	Alessandra hat zehn Kilo abgenommen. Sie ist sehr dünn.
snello/a ['znɛllo/a]	schlank
robusto/a [ro'busto/a]	kräftig, stark
essere in sovrappeso ['ɛssere in sovrap'pe:so]	übergewichtig sein
Mario ha preso dieci chili. È davvero in sovrappeso.	Mario hat zehn Kilo zugenommen. Er ist wirklich übergewichtig.

3. Sinne und Sinneseindrücke

l'ingegno [in'dʒeɲɲo]	Verstand

Von dem Substantiv *ingegno* kommt das Adjektiv *ingegnoso* (einfallsreich).

la memoria [me'mɔːria]	Erinnerung, Gedächtnis
Giovanni non ha una buona memoria.	Giovanni hat kein gutes Gedächtnis.
ricordarsi [rikor'daːrsi]	sich erinnern
Non riesco a ricordarmi il suo nome.	Ich kann mich nicht an seinen Namen erinnern.
Per favore, ricordami di chiamare il medico.	Bitte erinnere mich daran, dass ich den Arzt anrufe.
ricordare qualcuno o qualcosa [rikor'daːre kual'kuːno o kual'kosa]	jmd oder etwas erinnern
pensare [pen'saːre]	denken
il pensiero [pen'siɛːro]	Gedanke
riflettere [ri'flɛttere]	überlegen, nachdenken
Ha riflettuto sulla sua proposta.	Er dachte über ihren Vorschlag nach.
l'intelligenza [intelli'dʒɛntsa]	Intelligenz
la ragione [ra'dʒoːne]	Vernunft
ragionevole [radʒo'neːvole]	vernünftig
Sii ragionevole!	Sei vernünftig!
capire [ka'piːre]	verstehen, begreifen
l'idea [i'dɛːa]	Idee, Einfall
dimenticare [dimenti'kaːre]	vergessen
il senso ['sɛnso]	Sinn
Non ha senso.	Das hat keinen Sinn.
l'odore *m* [o'doːre]	Geruch
odorare [odo'raːre]	riechen
puzzare [put'tsaːre]	stinken
Le tue scarpe puzzano!	Deine Schuhe stinken!
toccare [tok'kaːre]	tasten, berühren
Non toccare la decorazione, per favore!	Bitte die Dekoration nicht berühren!

colpire [kolˈpiːre]	rühren
Il suo entusiasmo l'ha colpita.	Seine Begeisterung rührte sie.
vedere [veˈdeːre]	sehen
guardare [guarˈdaːre]	sehen, schauen
sentire [senˈtiːre]	hören, riechen, schmecken, spüren, fühlen
percepire [pertʃeˈpiːre]	wahrnehmen
Ha percepito in lui un cambiamento di umore improvviso.	Sie nahm bei ihm eine plötzlich veränderte Laune wahr.

4. Gefühle, Eigenschaften und Verhalten

il sentimento [sentiˈmento]	Gefühl
l'anima [ˈaːnima]	Seele
l'amore *m* [aˈmoːre]	Liebe
la felicità [felitʃiˈta]	Glück
felice [feˈliːtʃe]	glücklich
innamorarsi [innamoˈraːrsi]	sich verlieben
Si è innamorato di Manuela.	Er hat sich in Manuela verliebt.
la passione [pasˈsioːne]	Leidenschaft
la predilezione [prediletˈtsioːne]	Vorliebe
preferire [prefeˈriːre]	vorziehen, lieber mögen
Preferisco gli spaghetti al risotto.	Ich mag lieber Spaghetti als Risotto.
la gioia [ˈdʒɔːia]	Freude
allegro/a [alˈleːgro/a]	froh
il piacere [piaˈtʃeːre]	Vergnügen
piacere [piaˈtʃeːre]	gefallen, mögen
Mi piace nuotare.	Ich schwimme gerne.
Faceva di tutto per piacerle.	Er tat alles, um ihr zu gefallen.

i Das Verb *piacere* wird genau wie ‚gefallen' gebildet, braucht aber ‚sein' als Hilfsverb: *Il film mi è piaciuto molto.* Der Film hat mir sehr gut gefallen.
Piacere wird im Deutschen mit ‚gefallen', ‚mögen' + Verb + ‚gerne' ausgedrückt. Hier einige Beispiele:
Questo romanzo non mi piace. Dieser Roman gefällt mir nicht.
Mi piace il pesce. Ich mag Fisch.
Mi piace viaggiare. Ich reise gerne.

ridere ['riːdere]	lachen
sorridere [sor'riːdere]	lächeln
godere [go'deːre]	genießen
Mi godo il sole del mattino.	Ich genieße die Morgensonne.

> *Godere* wird oft als reflexives Verb gebraucht und mit dem Akkusativ gebildet: *Goditi le vacanze!* Genieß deine Ferien!

l'orgoglio [or'goʎʎo]	Stolz
Il suo orgoglio lo rendeva arrogante.	Sein Stolz ließ ihn arrogant erscheinen.
essere orgoglioso/a ['ɛssere orgoʎ'ʎoːso/a]	stolz sein
È orgoglioso di sua figlia.	Er ist stolz auf seine Tochter.
sicuro/a di sé [si'kuːro/a di se]	selbstbewusst
l'odio ['ɔːdio]	Hass
odiare [odi'aːre]	hassen
la rabbia ['rabbia]	Wut
l'ira ['iːra]	Zorn
il dispiacere [dispia'tʃeːre]	Kummer, Bedauern
cattivo/a [kat'tiːvo/a]	böse
arrabbiato/a [arrab'biaːto/a]	wütend
geloso/a [dʒe'loːzo/a]	eifersüchtig
la paura [pa'uːra]	Angst
avere paura [a'veːre pa'uːra]	Angst haben
Ho paura dei cani.	Ich habe vor Hunden Angst.
il timore [ti'moːre]	Befürchtung
temere [te'meːre]	fürchten
Temeva la sua reazione.	Sie fürchtete seine Reaktion.
la preoccupazione [preokkupat'tsioːne]	Sorge
preoccuparsi [preokku'paːrsi]	sich Sorgen machen
Si preoccupava degli esami.	Sie machte sich Sorgen über ihr Examen.
la tristezza [tris'tettsa]	Traurigkeit
triste ['triste]	traurig
infelice [infe'liːtʃe]	unglücklich
il lutto ['lutto]	Trauer

> Trauer heißt auch *il lutto*. Trauer tragen wird übersetzt mit *portare il lutto* oder *vestire a lutto*.

essere in lutto ['ɛssere in 'lutto]	trauern
solo/a ['so:lo/a]	einsam, allein
la compassione [kompas'sio:ne]	Mitleid
Aveva compassione di lui.	Sie hatte Mitleid mit ihm.
mentire [men'ti:re]	(be)lügen
pentirsi [pen'tirsi]	bedauern, bereuen
Mi pento dei miei errori.	Ich bereue meine Fehler.
fare pena ['fa:re 'pe:na]	leidtun
Mi fa pena.	Sie tut mir leid.
la speranza [spe'rantsa]	Hoffnung
sperare [spe'ra:re]	hoffen
il dubbio ['dubbio]	Zweifel
È senza dubbio molto astuto.	Er ist zweifellos sehr clever.
dubitare [dubi'ta:re]	zweifeln
esitare [esi'ta:re]	zögern
sapere [sa'pe:re]	wissen

> *Sapere* hat viele Bedeutungen:
> wissen – *Sai a che ora arriva?* Weißt du, um wie viel Uhr er/sie kommt?
> können – *Sa cucinare molto bene.* Er/Sie kann sehr gut kochen.
> kennen – *So tutte le parole a memoria.* Ich kenne alle Wörter auswendig.
> schmecken – *Questa zuppa non sa di niente.* Diese Suppe schmeckt nach nichts.

tacere [ta'tʃe:re]	schweigen
stupire [stu'pi:re]	erstaunen
Sono stupito di incontrarti qui.	Ich bin erstaunt, dich hier zu treffen.
la sorpresa [sor'pre:sa]	Überraschung
Ha organizzato una festa a sorpresa per il suo compleanno.	Sie organisierte eine Überraschungsparty für seinen Geburtstag.
sorprendere [sor'prɛndere]	überraschen
essere sorpreso/a ['ɛssere sor'pre:so/a]	überrascht sein

scusare [scuˈzaːre]	entschuldigen
perdonare [perdoˈnaːre]	verzeihen
ascoltare [askolˈtaːre]	zuhören
Ascolta bene quello che ha da dire l'insegnante.	Hör genau zu, was der Lehrer zu sagen hat.
osservare [osserˈvaːre]	beobachten
occuparsi (di) [okkuˈparsi (di)]	sich kümmern (um)
Si occupa dei bambini.	Sie kümmert sich um die Kinder.
fare attenzione a [ˈfaːre attenˈtsioːne a]	sich in Acht nehmen, aufpassen
stare attento/a [ˈstaːre atˈtɛnto/a]	vorsichtig sein
Stai attento! Andare in moto con questo vento è pericoloso.	Sei vorsichtig! Bei diesem Wind mit dem Motorrad fahren ist gefährlich.
desiderare [desideˈraːre]	wünschen
sforzarsi [sforˈtsaːrsi]	sich bemühen, sich anstrengen
Si sforza di essere un buon marito.	Er bemüht sich, ein guter Ehemann zu sein.
criticare [kritiˈkaːre]	kritisieren
Lo ha criticato pesantemente per la sua cattiva condotta.	Er kritisierte ihn hart für sein schlechtes Benehmen.
la critica [ˈkriːtika]	Kritik
La sua critica è stata giustificata.	Seine Kritik war gerechtfertigt.
la qualità [kualiˈta]	Eigenschaft
La pazienza e la tolleranza sono le sue qualità principali.	Geduld und Toleranz sind seine Haupteigenschaften.
la caratteristica [karatteˈristika]	Eigenschaft
il carattere [kaˈrattere]	Charakter
Mario ha un carattere difficile.	Mario hat einen schwierigen Charakter.
l'umore *m* [uˈmoːre]	Laune
È di pessimo umore.	Er hat sehr schlechte Laune.
È di buon umore.	Er ist sehr guter Laune.
gentile [dʒenˈtiːle]	nett, höflich, freundlich
intelligente [intellidˈdʒɛnte]	klug, intelligent
furbo/a [ˈfurbo/a]	schlau
stupido/a [ˈstuːpido/a]	dumm

pigro/a ['pigro/a]	faul
Mario è pigro.	Mario ist faul.
diligente [dili'dʒɛnte]	fleißig
brutto/a ['brutto/a]	hässlich, schlecht
cattivo/a [kat'tiːvo/a]	böse, gemein
È stato molto cattivo da parte sua!	Das war sehr gemein von ihr!
meschino/a [mes'kiːno/a]	armselig, dürftig, kleinlich
attento/a [at'tɛnto/a]	vorsichtig
paziente [pat'tsiɛnte]	geduldig

Paziente ist sowohl Adjektiv als auch Substantiv, hat aber zwei unterschiedliche Bedeutungen:
Tuo padre è molto paziente. Dein Vater ist sehr geduldig.
Il paziente deve essere curato urgentemente. Der Patient muss sofort behandelt werden.

impaziente [impat'tsiɛnte]	ungeduldig
soddisfatto/a [soddis'fatto/a]	zufrieden
imprudente [impru'dɛnte]	leichtsinnig, unvorsichtig
Non essere così imprudente!	Sei nicht so leichtsinnig!
simpatico/a [sim'paːtico/a]	freundlich, sympathisch
antipatico/a [anti'paːtico/a]	unfreundlich, unsympathisch
coraggioso/a [korad'dʒoːso/a]	mutig, tapfer
È stato molto coraggioso quando il dentista gli ha tolto il dente.	Er war sehr tapfer, als ihm der Zahnarzt den Zahn zog.
vigliacco/a [viʎ'ʎakko/a]	feige
noioso/a [noi'oːso/a]	langweilig
Il film è stato terribilmente noioso.	Der Film war schrecklich langweilig.

In der Umgangssprache sagt man auch *pizza* für *noioso*. Zum Beispiel:
Il film è stato una pizza! Der Film war schrecklich langweilig!
Che pizza! So etwas Langweiliges!

affascinante [affaʃʃi'nante]	charmant, reizend
È così affascinante!	Sie ist so reizend!
sincero/a [sin'tʃɛːro/a]	ehrlich, aufrichtig

disponibile [dispo'ni:bile]	hilfsbereit
onesto/a [o'nɛsto/a]	ehrlich, aufrichtig
È stata sempre molto onesta.	Sie war immer sehr ehrlich.
Onestamente non credo di andarci.	Ehrlich gesagt glaube ich nicht, dass ich dorthin gehe.
grato/a ['gra:to/a]	dankbar
Luigi era molto grato per tutto.	Luigi war sehr dankbar für alles.
emozionante [emottsio'nante]	aufregend, spannend
serio/a ['sɛ:rio/a]	ernst
allegro/a [al'legro/a]	lustig
divertente [diver'tɛnte]	witzig
Tommaso fa sempre delle osservazioni divertenti.	Tommaso macht immer witzige Bemerkungen.
strano/a ['stra:no/a]	komisch, merkwürdig

5. Gesundheit, Krankheit und Notfall

sano/a ['sa:no/a]	gesund
malato/a [ma'la:to/a]	krank
la salute [sa'lu:te]	Gesundheit
Ha avuto problemi con la salute negli ultimi tempi?	Haben Sie in letzter Zeit Probleme mit Ihrer Gesundheit gehabt?

> *i* Wenn man niest, sagt man in Italien *Salute!* (Gesundheit!).

la malattia [malat'ti:a]	Krankheit
il medico ['mɛ:dico]	Arzt
il dottore [dot'to:re]	Arzt; Diplominhaber

> *i* Die Wörter *medico* und *dottore* werden sehr oft als Synonym verwendet. Allerdings bezeichnet man mit *medico* den Beruf und mit *dottore* den akademischen Titel.
> *Devo andare dal medico.* Ich muss zum Arzt gehen.
> *Giulio è dottore in medicina.* Giulio hat einen Doktortitel in Medizin.

il dentista [den'tista]	Zahnarzt
l'emergenza [emer'dʒɛntsa]	Notfall
Puoi chiamare il medico? È un'emergenza.	Kannst du bitte den Arzt anrufen? Dies ist ein Notfall.
i vigili del fuoco *pl* ['vidʒili del fu'ɔːko]	Feuerwehr
il vigile del fuoco ['vidʒile del fu'ɔːko]	Feuerwehrmann
l'ambulanza [ambu'lantsa]	Krankenwagen
l'ospedale *m* [ospe'daːle]	Krankenhaus
il paziente [pat'tsiɛnte]	Patient
Dopo l'operazione il paziente è stato portato nel reparto di terapia intensiva.	Nach der Operation wurde der Patient auf die Intensivstation gebracht.
l'infermiera [infer'miɛːra]	Krankenschwester
visitare [visi'taːre]	untersuchen
la febbre ['fɛbbre]	Fieber
Ieri notte le è calata la febbre.	Ihr Fieber ist letzte Nacht gesunken.
il termometro [ter'mɔːmetro]	Thermometer
la pressione del sangue [pres'sioːne del 'saŋgue]	Blutdruck
Mi faccia misurare prima la pressione del sangue.	Lassen Sie mich zuerst den Blutdruck messen.
la nausea ['naːuzea]	Übelkeit
Ho la nausea.	Mir ist übel.
vomitare [vomi'taːre]	sich übergeben
Durante il viaggio ho vomitato.	Auf der Reise habe ich mich übergeben.
il dolore [do'loːre]	Schmerz
Ho dolori forti alla schiena.	Ich habe starke Schmerzen im Rücken.
il mal di testa [mal di 'tɛsta]	Kopfschmerzen
Questo tempo mi causa il mal di testa.	Von dem Wetter kriege ich Kopfschmerzen.
il mal di pancia [mal di 'pantʃa]	Bauchschmerzen
il mal di denti [mal di 'dɛnti]	Zahnschmerzen
l'influenza [influ'ɛntsa]	Grippe
il raffreddore [raffred'doːre]	Erkältung
Gianni si è preso un bel raffreddore.	Gianni bekam eine schwere Erkältung.

tossire [tos'si:re]	husten
la tosse ['tosse]	Husten
Aveva inoltre una brutta tosse.	Er hatte außerdem einen schweren Husten.
rompersi il braccio ['rompersi il 'brattʃo]	sich den Arm brechen
l'incidente *m* [intʃi'dɛnte]	Unfall
la ferita [fe'ri:ta]	Wunde, Verletzung
Nell'incidente sono state ferite tre persone.	Bei dem Unfall wurden drei Personen verletzt.
privo di sensi ['pri:vo di 'sensi]	bewusstlos
Dopo essere caduto dalla scala, è stato privo di sensi per quasi mezz'ora.	Nachdem er von der Leiter gefallen war, war er fast eine halbe Stunde bewusstlos.
pallido/a ['pallido/a]	blass
la medicina [medi'tʃi:na]	Medizin, Medikament
la puntura [pun'tu:ra]	Spritze
Si è punta con un chiodo arrugginito, perciò il medico le ha fatto una puntura di antitetanica.	Sie war in einen rostigen Nagel getreten, also gab ihr der Arzt eine Tetanusspritze.
la vaccinazione [vattʃinat'tsio:ne]	Impfung
il cerotto [tʃe'rɔtto]	Pflaster
la fasciatura [faʃʃa'tu:ra]	Verband
il gesso ['dʒɛsso]	Gips
la ricetta [ri'tʃɛtta]	Rezept
prescrivere [pres'kri:vere]	verschreiben
Il medico le ha prescritto un antidolorifico.	Der Arzt hat ihr ein Schmerzmittel verschrieben.
la farmacia [farma'tʃi:a]	Apotheke
Mi sa dire quale farmacia è aperta di domenica?	Können Sie mir sagen, welche Apotheke am Sonntag geöffnet ist?
visitare [vizi'ta:re]	untersuchen
curare [ku'ra:re]	behandeln
guarire [gua'ri:re]	heilen
Domani sarai guarito.	Morgen wirst du geheilt sein.
la scottatura (solare) [skotta'tu:ra (so'la:re)]	Sonnenbrand

la puntura di zanzara [pun'tu:ra di dzan'dza:ra]	Mückenstich

6. Familie und Lebensalter

la famiglia [fa'miʎʎa]	Familie
i parenti *pl* [pa'rɛnti]	Verwandte
I miei parenti vivono tutti nella stessa città.	Meine Verwandten wohnen alle in derselben Stadt.
i nonni *pl* ['nɔnni]	Großeltern
il nonno ['nɔnno]	Großvater, Opa
la nonna ['nɔnna]	Großmutter, Oma
i genitori *pl* [dʒeni'to:ri]	Eltern
I miei genitori vivono nelle vicinanze.	Meine Eltern leben in der näheren Umgebung.
il padre ['pa:dre]	Vater
la madre ['ma:dre]	Mutter
il/la bambino/a [bam'bi:no/a]	Kind; Junge, Mädchen
il figlio ['fiʎʎo]	Sohn
la figlia ['fiʎʎa]	Tochter
i fratelli *pl* [fra'tɛlli]	Geschwister
Stefano ha sette fratelli.	Stefano hat sieben Geschwister.

Achtung! Im Italienischen sagt man *fratelli* für Geschwister, egal ob es sich um Schwestern oder Brüder handelt.

il fratello [fra'tɛllo]	Bruder
la sorella [so'rɛlla]	Schwester
il nipote [ni'po:te]	Enkelsohn, Neffe
Mio nipote ha già cominciato a parlare.	Mein Enkel hat schon angefangen zu sprechen.
la nipote [ni'po:te]	Enkeltochter, Nichte

Im Italienischen gibt es keinen Unterschied zwischen Enkelsohn/Enkelin und Neffe/Nichte. Alle werden als *nipoti* bezeichnet.

la zia ['tsi:a]	Tante
lo zio ['tsi:o]	Onkel
il cugino [ku'dʒi:no]	Cousin
la cugina [ku'dʒi:na]	Cousine
il cognato [koɲ'ɲa:to]	Schwager
la cognata [koɲ'ɲa:ta]	Schwägerin
i suoceri *pl* ['suɔ:tʃeri]	Schwiegereltern
Vado molto d'accordo con i miei suoceri.	Ich komme sehr gut mit meinen Schwiegereltern aus.
il suocero ['suɔ:tʃero]	Schwiegervater
la suocera ['suɔ:tʃera]	Schwiegermutter
giovane ['dʒo:vane]	jung
anziano/a [an'tsia:no/a]	alt

Ein Synonym für *l'anziano* (der alte Mann) ist *il vecchio* (der Alte), aber dieses Wort benutzt man nur in der Umgangssprache.

l'età [e'ta]	Alter
crescere ['kreʃʃere]	(auf)wachsen
I bambini sono cresciuti in casa dei nonni.	Die Kinder sind bei den Großeltern aufgewachsen.
l'adulto [a'dulto]	Erwachsener
Gli adulti pagano il prezzo normale.	Erwachsene zahlen den normalen Preis.
adulto/a [a'dulto/a]	erwachsen
l'infanzia [in'fantsia]	Kindheit
Ho avuto un'infanzia molto felice.	Ich hatte eine sehr glückliche Kindheit.
il bebè [be'bɛ]	Baby

Ein Säugling ist *il neonato*, wörtlich der Neugeborene.

la gioventù [dʒoven'tu]	Jugend
la ragazza [ra'gattsa]	Mädchen
il ragazzo [ra'gattso]	Junge
Questo ragazzo mi piace.	Dieser Junge gefällt mir.
l'adolescente *m, f* [adoleʃ'ʃente]	Jugendliche(r)

nascere [ˈnaʃʃere]	geboren werden
Sono nato a Roma.	Ich bin in Rom geboren.
la nascita [ˈnaːʃʃita]	Geburt
la vita [ˈviːta]	Leben
vivere [ˈviːvere]	leben
vivace [viˈvaːtʃe]	lebendig
il pensionato [pensioˈnaːto]	Rentner
la pensione [penˈsioːne]	Rente, Pension
invecchiare [invekˈkiaːre]	altern, älter werden
Le società occidentali invecchiano.	Die westlichen Gesellschaften altern.
morire [moˈriːre]	sterben
la morte [ˈmɔrte]	Tod

7. Soziale Beziehungen und Anlässe

il rapporto [rapˈpɔrto]	Beziehung, Verhältnis
la società [sotʃeˈta]	Gesellschaft
il pubblico [ˈpubbliːco]	Öffentlichkeit
Non litiga volentieri in pubblico.	Er streitet nicht gerne in der Öffentlichkeit.
Il parco è aperto al pubblico.	Der Park ist für die Öffentlichkeit zugänglich.
pubblico/a [ˈpubbliːco/a]	öffentlich
privato/a [priˈvaːto/a]	privat
l'estraneo/a [esˈtraːneo/a]	Fremde(r)

Achtung! Die beiden Wörter *l'estraneo* (der Fremde) und *lo straniero* (der Ausländer) haben unterschiedliche Bedeutungen.

il/la conoscente [konoʃˈʃɛnte]	Bekannte(r)
È un conoscente piuttosto che un buon amico.	Er ist eher ein Bekannter als ein guter Freund.
il tipo [ˈtiːpo]	Typ
Dove hai conosciuto questo tipo?	Wo hast du diesen Typen kennen gelernt?
il membro [ˈmembro]	Mitglied
il/la collega [kolˈlɛːga]	Kollege, Kollegin

incontrare [incon'tra:re]	treffen
l'amico/a [a'mi:ko/a]	Freund(in), Kumpel *fam*
Lorenzo, sua moglie ed io siamo diventati amici.	Lorenzo, seine Frau und ich sind Freunde geworden.
Luca è il miglior amico di Maria.	Luca ist Marias bester Freund.
il fidanzato [fidan'tsa:to]	fester Freund, Verlobter
la fidanzata [fidan'tsa:ta]	feste Freundin, Verlobte

> *i* Achtung! Der feste Freund/die feste Freundin ist *il ragazzo/la ragazza,* während Freund im Sinn von Kumpel *l'amico/l'amica* heißt.

celibe ['tʃɛ:libe]	ledig, ungebunden *(für Männer)*
nubile ['nu:bile]	ledig, ungebunden *(für Frauen)*
la coppia ['kɔppia]	Paar
il matrimonio [matri'mɔ:nio]	Ehe, Hochzeit
Il loro matromonio è stato molto felice.	Ihre Ehe ist sehr glücklich gewesen.
sposarsi [spɔ'za:rsi]	heiraten
Si sono sposati a Venezia.	Sie haben in Venedig geheiratet.

> *i* Außer *sposarsi* gibt es auch das transitive Verb *sposare.* *Maria ha sposato un architetto.* Maria hat einen Architekt geheiratet.

il marito [ma'ri:to]	Ehemann
la moglie ['moʎʎe]	Ehefrau
la luna di miele ['lu:na di 'miɛ:le]	Flitterwochen

> *i* Für *luna di miele* (Flitterwochen) kann man auch *viaggio di nozze* (Hochzeitsreise) sagen.

la gravidanza [gravi'dantsa]	Schwangerschaft
incinta [in'tʃinta]	schwanger
Era incinta di due gemelli.	Sie war mit Zwillingen schwanger.
separarsi [sepa'ra:rsi]	sich trennen
Si sono separati dopo tre anni.	Nach drei Jahren haben sie sich getrennt.

il divorzio [di'vɔrtsio]	Scheidung
divorziare [divor'tsia:re]	sich scheiden lassen
Hanno divorziato l'anno scorso.	Sie haben sich letztes Jahr scheiden lassen.
la vedova ['ve:dova]	Witwe
il vedovo ['ve:dovo]	Witwer
conoscere qualcuno [ko'noʃʃe:re kual'ku:no]	jmd kennen lernen
Ho conosciuto un tipo veramente carino.	Ich habe einen sehr netten Typ kennen gelernt.
incontrarsi [iŋkon'tra:rsi]	sich treffen
Mi sono incontrata con mia sorella da Carlo.	Ich habe mich mit meiner Schwester bei Carlo getroffen.
la visita ['vi:zita]	Besuch
andare a trovare [an'da:re a tro'va:re]	besuchen
Vado a trovare la mia amica.	Ich besuche meine Freundin.

Das Verb ‚besuchen' hat im Italienischen viele Bedeutungen. Hier einige Beispiele:
Il turista visita la città. Der Tourist besucht die Stadt.
Frequenta le lezioni all'università ogni giorno. Sie besucht die Vorlesungen an der Universität jeden Tag.
Vado a trovare i nonni ogni settimana. Ich besuche meine Großeltern jede Woche.

il visitatore [vizita'to:re]	Besucher
insieme [in'siɛ:me]	gemeinsam, zusammen
Insieme siamo forti.	Zusammen sind wir stark.
passare [pas'sa:re]	verbringen
uscire [uʃ'ʃi:re]	ausgehen
venire (con) [ve'ni:re (kon)]	(mit)kommen
Vuoi venire con noi?	Willst du mit uns kommen?
l'appuntamento [appunta'mento]	Verabredung, Rendezvous
Ho un appuntamento sabato sera.	Ich habe eine Verabredung am Samstagabend.

stare insieme a qualcuno [ˈsta:re inˈsiɛ:me a kualˈku:no]	mit jdm gehen
Stava insieme a Giorgio da sei mesi.	Sie ging seit sechs Monaten mit Giorgio.
invitare [inviˈta:re]	einladen
l'invito [inˈvi:to]	Einladung
festeggiare [festedˈdʒa:re]	feiern
la festa [ˈfɛsta]	Fest, Feier, Party
il compleanno [kompleˈanno]	Geburtstag

Das Wort *compleanno* wird generell mit dem Verb *essere* oder *fare* gebraucht:
Quand'è il tuo compleanno?/Quando fai il compleanno? Wann hast du Geburtstag?
Alles Gute zum Geburtstag heißt auf Italienisch *Buon compleanno!*
Herzlichen Glückwunsch dagegen heißt *Tanti auguri!*

l'anniversario [anniverˈsa:rio]	Jahrestag
il regalo [reˈga:lo]	Geschenk
Ha ricevuto in regalo una collana d'argento.	Als Geburtstagsgeschenk hat sie eine Silberkette bekommen.
regalare [regaˈla:re]	schenken
fare gli auguri *pl* [ˈfa:re ʎi auˈgu:ri]	gratulieren
Gli ha fatto gli auguri per la sua promozione.	Sie hat ihm zu seiner Beförderung gratuliert.

8. Gespräche und Interaktionen

dire [ˈdi:re]	sagen
parlare [parˈla:re]	sprechen
Posso parlarti brevemente?	Kann ich kurz mit dir sprechen?
Non si parlano.	Sie reden nicht miteinander.
la lingua [ˈliŋgua]	Sprache
il discorso [diˈskorso]	Ansprache, Rede
Ha tenuto un lungo discorso.	Er hat eine lange Rede gehalten.

> Mit dem Wort *colloquio* ist auch ein Vorstellungsgespräch gemeint.

tradurre [tra'durre]	übersetzen
la conversazione [konversat'tsio:ne]	Unterhaltung, Konversation
Ho avuto una lunga conversazione con il mio capo.	Ich hatte eine lange Unterhaltung mit meinem Chef.
divertirsi [diver'ti:rsi]	sich (gut) unterhalten, sich amüsieren, Spaß haben
Ti sei divertito alla festa?	Hast Du Dich auf der Party gut unterhalten?
riferirsi a [rife'ri:rsi a]	sich beziehen auf
Quando ho detto che alcune persone sono molto curiose, mi riferivo a lui.	Als ich sagte, dass manche Menschen sehr neugierig sind, meinte ich ihn.
credere ['kre:dere]	glauben
l'opinione *f* [opi'nio:ne]	Meinung
il significato [siɲɲifi'ka:to]	Bedeutung
significare [siɲɲifi'ka:re]	bedeuten
Che cosa significa tutto questo?	Was hat das alles zu bedeuten?
l'importanza [impor'ta:ntsa]	Wichtigkeit, (große) Bedeutung
È una cosa di grande importanza.	Das ist eine Sache von großer Bedeutung.
importante [impor'ta:nte]	wichtig
il rapporto [rap'pɔ:rto]	Bericht
Il rapporto annuale non è corretto.	Der Jahresbericht ist nicht korrekt.

> Das Wort *rapporto* hat verschiedene Bedeutungen:
> *Luca ha un buon rapporto con suo fratello.* Luca hat eine gute Beziehung zu seinem Bruder.
> *La segretaria ha redatto un rapporto sul convegno.* Die Sekretärin hat einen Bericht über die Versammlung erstellt.
> *Non è possibile creare un rapporto tra loro.* Man kann sie nicht miteinander in Beziehung setzen.
> *Non c'è rapporto fra i due eventi.* Zwischen den beiden Ereignissen besteht kein Zusammenhang.

informare [infor'maːre]	berichten, melden
Ha informato la polizia dell'incidente.	Er meldete den Unfall der Polizei.
raccontare [rakkon'taːre]	erzählen
la storia ['stɔːria]	Geschichte
lo scherzo ['skertso]	Witz, Scherz
domandare [doman'daːre]	fragen
la domanda [do'manda]	Frage
la risposta [ris'poːsta]	Antwort, Erwiderung
Non conosceva la risposta alla sua domanda.	Sie wusste keine Antwort auf seine Frage.
In risposta alla sua lettera, gli ho mandato gli allegati.	Als Erwiderung auf seinen Brief sandte ich ihm die Unterlagen.
rispondere [ris'pondere]	antworten, erwidern
comunicare [komuni'kaːre]	mitteilen
l'informazione *f* [informat'tsioːne]	Information
spiegare [spie'gaːre]	erklären
la spiegazione [spiegat'tsioːne]	Erklärung
Mi deve una spiegazione.	Er schuldet mir eine Erklärung.
interrompere [inter'rompere]	unterbrechen
chiedere ['kiɛːdere]	fragen, auffordern
ordinare [ordi'naːre]	bestellen
la preghiera [pre'giɛːra]	Bitte
il desiderio [desi'dɛːrio]	Wunsch
la richiesta [ri'kiɛsta]	Anfrage
La sua richiesta è stata respinta.	Ihre Anfrage wurde abgelehnt.
pregare [pre'gaːre]	bitten, ersuchen
È pregato di non fumare.	Sie werden gebeten nicht zu rauchen.
rifiutare [rifiu'taːre]	ablehnen
il rifiuto [ri'fiuto]	Ablehnung
essere d'accordo ['ɛssere dak'kɔrdo]	zustimmen, einverstanden sein
concordare [koŋkor'daːre]	vereinbaren, abmachen
Concordavano di spostare il matrimonio.	Sie vereinbarten die Hochzeit zu verschieben.
l'accordo [ak'kɔrdo]	Vereinbarung
contraddire [kontrad'diːre]	widersprechen
Ti contraddici da solo.	Du widersprichst dir selbst.

la contraddizione [kontraddit'tsio:ne]	Widerspruch
litigare [liti'ga:re]	streiten
la lite ['li:te]	Streit
Hanno avuto una lite violenta.	Sie haben einen heftigen Streit gehabt.
il litigio [li'ti:dʒo]	Streit
il consiglio [kon'siʎʎo]	Rat, Empfehlung, Hinweis, Tipp
Ha comprato un'auto usata contro i suoi consigli.	Gegen seinen Rat kaufte sie ein gebrauchtes Auto.
consigliare [konsiʎ'ʎa:re]	raten, beraten, empfehlen
l'argomento [argo'mento]	Argument
Non mi convincono i tuoi argomenti.	Deine Argumente überzeugen mich nicht.
discutere [dis'ku:tere]	diskutieren, besprechen
ammettere [am'mɛttere]	zugeben

Das Verb *ammettere* hat zwei Hauptbedeutungen:
zugeben: *Ammetto di avere torto.* Ich gebe zu, dass ich Unrecht habe.
aufnehmen: *Gianni è stato ammesso al club.* Gianni ist im Club aufgenommen worden.

immaginarsi [immadʒi'na:rsi]	annehmen, vermuten
ritenere [rite'ne:re]	vermuten
rinfacciare [rinfat'tʃa:re]	vorwerfen
accusare [akku'sa:re]	beschuldigen, anklagen
la difesa [di'fe:sa]	Verteidigung
Ci sono cose da dire in sua difesa.	Es gibt einiges zu seiner Verteidigung zu sagen.
difendere [di'fɛndere]	verteidigen
la scusa ['sku:za]	Entschuldigung
Accetto le tue scuse.	Ich nehme deine Entschuldigungen an.
scusarsi [sku'za:rsi]	sich entschuldigen
Scusami per la mia maleducazione.	Entschuldige meine Unhöflichkeit.
considerare [konside'ra:re]	erwägen, betrachten
contento/a [kon'tɛnto/a]	zufrieden
convincere [kon'vintʃe:re]	überzeugen
La sua spiegazione non mi convince.	Seine Erklärung überzeugt mich nicht.
proporre [pro'porre]	vorschlagen

la proposta [pro'posta]	Vorschlag
bisbigliare [bizbiʎ'ʎa:re]	flüstern
chiamare [kia'ma:re]	rufen
gridare [gri'da:re]	schreien
Non gridarmi contro!	Schrei mich nicht an!
la comunicazione [komunikat'tsio:ne]	Kommunikation
la richiesta [ri'kiεsta]	Anfrage
Il nostro direttore delle vendite si occupa di tutte le richieste.	Unser Verkaufsleiter kümmert sich um alle Anfragen.
fare una richiesta ['fa:re una ri'kiεsta]	anfragen
la decisione [detʃi'zio:ne]	Entscheidung
decidere [de'tʃi:dere]	entscheiden
menzionare [mentsio'na:re]	erwähnen
ripetere [ri'pε:tere]	wiederholen
Puoi ripetere la domanda? Non l'ho capita del tutto.	Kannst du deine Frage wiederholen? Ich habe sie nicht ganz verstanden.
confermare [konfer'ma:re]	bestätigen
Ha confermato la sua affermazione.	Sie hat seine Aussage bestätigt.
affermare [affer'ma:re]	behaupten
disdire [diz'di:re]	absagen
permettere [per'mettere]	erlauben
vietare [vie'ta:re]	verbieten
lamentarsi [lamen'ta:rsi]	sich beschweren
Si lamenta tutto il tempo.	Er beschwert sich die ganze Zeit.
la lamentela [lamen'tε:la]	Beschwerde
rifiutare [rifiu'ta:re]	verweigern
aspettare [aspet'ta:re]	erwarten
pretendere [pre'tε:ndere]	verlangen, fordern
Hanno semplicemente preteso troppo.	Sie haben einfach zu viel gefordert.
descrivere [des'kri:vere]	beschreiben
predire [pre'di:re]	voraussagen, vorhersagen
esprimere [es'pri:mere]	ausdrücken
l'istruzione *f* [istrut'tsio:ne]	Anweisung, Anleitung
avviare [avvi'a:re]	anleiten, einweisen
il punto di vista ['punto di 'vista]	Standpunkt

la lode ['lɔːde]	Lob
lodare [lo'daːre]	loben
la promessa [pro'messa]	Versprechen
promettere [pro'mɛttere]	versprechen

9. Angaben zur Person und höfliche Redewendungen

l'uomo ['uɔːmo]	Mann
la donna ['dɔnna]	Frau
la signora [siɲ'ɲoːra]	Frau, Dame
la signorina [siɲɲo'riːna]	Fräulein
il signore [siɲ'ɲoːre]	Herr
il signor Schmidt	Herr Schmidt

Signore wird mit Artikel gebraucht, wenn man über die Person spricht. Der Artikel fällt in der direkten Anrede weg.
Achtung! Wenn der *signore* mit Namen angesprochen wird, dann fällt auch das finale *–e* weg.
Il signor Rossi va al cinema. Herr Rossi geht ins Kino.
Signor Rossi, va al cinema? Herr Rossi, gehen Sie ins Kino?

il nome ['noːme]	Name, Vorname
il cognome [koɲ'ɲoːme]	Nachname
chiamare [kia'maːre]	nennen
Mi chiamo … [mi 'kiaːmo]	Ich heiße …
Ho … anni. [ɔ … 'anni]	Ich bin … Jahre alt.
presentarsi [prezen'taːrsi]	sich vorstellen
Posso presentarti/Le … ?	Darf ich Dir/Ihnen … vorstellen?
presentare qualcuno [prezen'taːre kual'kuːno]	jmd vorstellen
salutare [salu'taːre]	begrüßen, verabschieden
compitare [compi'taːre]	buchstabieren

Man sagt auch *fare lo spelling* statt *compitare.*

dare il benvenuto ['da:re il bεnve'nu:to]	willkommen heißen
Come si chiama?	Wie ist Ihr Name? / Wie heißen Sie?
Come ti chiami?	Wie heißt du? / Wie ist dein Name?
Dove vive?	Wo leben/wohnen Sie?
Che lavoro fa?	Was machen Sie beruflich?
Come sta?	Wie geht es Ihnen?
Molto lieto/a. ['molto 'liε:to/a]	Sehr erfreut.
Il piacere è tutto mio.	Ganz meinerseits.
Buongiorno. [buon'dʒorno]	Guten Tag/Guten Morgen.
Buonasera. [buona'se:ra]	Guten Abend.
Buonanotte. [buona'nɔtte]	Gute Nacht.
Buon fine settimana! [bu'on 'fi:ne setti'ma:na]	Schönes Wochenende!
arrivederci [arrive'dertʃi]	auf Wiedersehen
a più tardi [a 'piu 'ta:rdi]	bis später
a presto [a 'prε:sto]	bis bald
Fatti sentire. ['fatti sen'ti:re]	Lass von dir hören.
Stammi bene. ['stammi 'bε:ne]	Lass es dir gut gehen.
Saluti … da parte mia. [sa'lu:ti da 'parte 'mi:a]	Grüßen Sie ... von mir.
per favore [per fa'vo:re]	bitte
prego ['prε:go]	bitte
grazie ['grattsie]	danke
Dopo di Lei! ['do:po di 'lε:i]	Nach Ihnen!
di niente [di 'niεnte]	gern geschehen, keine Ursache
Avanti! [a'vanti]	Herein!
Si accomodi! [si ak'kɔ:modi]	Nehmen Sie Platz!
Scusa/i! ['sku:za/i]	Entschuldigung!/Entschuldigen Sie!
Mi dispiace. [mi di'spia:tʃe]	Es tut mir leid.
Mi scusi un attimo, per favore. [mi 'sku:zi un 'attimo per fa'vo:re]	Entschuldigen Sie mich bitte einen Augenblick.
Come, scusa/i? ['ko:me 'sku:za/i]	Wie bitte?

Bildung und Lernen

la scuola ['skuɔːla]	Schule
l'asilo [a'siːlo]	Kindergarten
la scuola elementare ['skuɔːla elemen'taːre]	Grundschule
il liceo [li'tʃɛːo]	Gymnasium
l'esame *m* **di maturità** [e'zaːme di maturi'ta]	Abitur
l'università [universi'ta]	Universität
l'apprendistato [apprendis'taːto]	Lehre
l'apprendista *m/f* [appren'diːsta]	Lehrling
la formazione professionale [format'tsioːne professio'naːle]	Berufsausbildung
l'istruzione *f* [istrut'tsioːne]	Bildung
il tirocinio [tiro'tʃiːnio]	Ausbildung
l'insegnante *m, f* [insеɲ'ɲante]	Lehrer(in)

ℹ Der Lehrer/die Lehrerin der Grundschule heißt *il maestro/la maestra.* Die Lehrer sind im Italienischen allgemein *insegnanti*, aber ab der *scuola media* bis zur Universität werden sie mit *il professore/la professoressa* angesprochen.

il direttore [diret'toːre]	Direktor
lo studente [stu'dɛnte]	Schüler, Student
la studentessa [studen'tessa]	Studentin

ℹ Im Italienischen bezieht sich das Wort *studente* nicht ausschließlich auf Universitätsstudenten, sondern auf Lernende aller Art. Das Gleiche gilt auch für das Verb *studiare.*

insegnare [insеɲ'ɲaːre]	lehren
imparare [impa'raːre]	lernen
Vorrei imparare l'italiano.	Ich möchte gerne Italienisch lernen.
studiare [stu'diaːre]	studieren, lernen

la materia [maˈtɛːria]	Fach
Ha scelto economia aziendale come materia fondamentale.	Sie wählte Betriebswirtschaft als Hauptfach.
l'ora di lezione [ˈoːra di letˈtsioːne]	Unterrichtsstunde
la classe [ˈklaːsse]	Klasse
il corso [ˈkorso]	Kurs
frequentare [frekuenˈtaːre]	besuchen, teilnehmen
Non frequentava il corso regolarmente.	Er nahm nicht regelmäßig am Kurs teil.
il testo [ˈtɛsto]	Text
il libro [ˈliːbro]	Buch
la biblioteca [biblioˈtɛːka]	Bibliothek
l'esame *m* [eˈzaːme]	Examen, Prüfung
il diploma (di laurea) [diˈplɔːma (di ˈlaurea)]	Diplom
il termine [ˈtɛrmine]	Abschluss
il voto [ˈvoːto]	Note
correggere [korˈrɛddʒere]	korrigieren
superare [supeˈraːre]	bestehen
Spero di superare l'esame.	Ich hoffe, ich bestehe die Prüfung.
bocciare [botˈtʃaːre]	durchfallen
Se mi bocciano al test, lo devo ripetere.	Wenn ich durch den Test falle, muss ich ihn wiederholen.
sapere [saˈpeːre]	wissen
il sapere [saˈpeːre]	Wissen
l'esercizio [ezerˈtʃittsio]	Übung
il compito (per casa) [ˈkompito (per ˈkaːsa)]	Hausaufgabe
Il professore ha dato molti compiti agli studenti.	Der Lehrer hat den Schülern viele Hausaufgaben aufgegeben.
giusto/a [ˈdʒusto/a]	richtig
corretto/a [korˈrɛtto]	korrekt
sbagliato/a [zbaʎˈʎaːto/a]	falsch
l'errore *m* [erˈroːre]	Fehler
Ho fatto solo due errori nel test.	Ich habe bei dem Test nur zwei Fehler gemacht.
il talento [taˈlɛːnto]	Begabung

Freizeit und Hobby

1. Freizeit

il tempo libero ['tɛmpo 'li:bero]	Freizeit
Trascorro quasi tutto il mio tempo libero al campo da tennis.	Ich verbringe fast meine gesamte Freizeit auf dem Tennisplatz.
l'hobby *m* ['hɔ:bi]	Hobby

> **i** Achtung! Das Wort *hobby* bleibt im Plural unverändert.

l'attività [attivi'ta]	Aktivität
camminare [kammi'na:re]	wandern
fare una passeggiata ['fa:re una passed'dʒa:ta]	spazieren gehen
giocare [dʒo'ka:re]	spielen
il gioco ['dʒɔ:ko]	Spiel
oziare [ot'tsia:re]	faulenzen
rilassarsi [rilas'sa:rsi]	sich entspannen, erholen
riposarsi [ripo'za:rsi]	sich ausruhen
Vorrei riposarmi un po'. Credo che farò un pisolino.	Ich möchte mich ein bisschen ausruhen. Ich glaube, ich werde ein Nickerchen machen.
in forma [in 'forma]	fit
godersi [go'de:rsi]	genießen
Mi godo il dolce far niente.	Ich genieße das süße Nichtstun.
la pausa ['pa:uza]	Pause
Faccio la pausa pranzo alle 12.	Ich mache meine Mittagspause um 12 Uhr.
il riposo [ri'pɔ:zo]	Erholung
il divertimento [diverti'mento]	Vergnügen, Unterhaltung, Spaß
divertirsi [diver'ti:rsi]	(sich) unterhalten, sich amüsieren
divertente [diver'tɛnte]	unterhaltsam, amüsant
Lo spettacolo è stato molto divertente.	Die Show ist wirklich sehr unterhaltsam gewesen.
ballare [bal'la:re]	tanzen

2. Sport

lo sport [spɔrt]	Sport(art)
il tennis [ˈtɛnnis]	Tennis
il calcio [ˈkaltʃo]	Fußball
l'equitazione *f* [ekuitatˈtsioːne]	Reiten
andare a cavallo [anˈdaːre a kaˈvallo]	reiten
nuotare [nuoˈtaːre]	schwimmen
camminare [kammiˈnaːre]	laufen
la corsa [ˈkorsa]	Rennen
sciare [ʃiˈaːre]	Ski fahren
la vela [ˈveːla]	Segel
fare vela [ˈfaːre ˈveːla]	segeln
la squadra [skuˈaːdra]	Team, Mannschaft
allenarsi [alleˈnaːrsi]	trainieren
la palla [ˈpalla]	Ball
la racchetta [rakˈketta]	Schläger
la gara [ˈgaːra]	Wettkampf, Wettbewerb
Maria ha vinto la gara di bellezza.	Maria hat den Schönheitswettbewerb gewonnen.
il torneo [torˈnɛːo]	Turnier
lo stadio [ˈstaːdio]	Stadion
Lo stadio era pieno.	Das Stadion war voll.
la partita [parˈtiːta]	Spiel
La partita è iniziata alle 20.	Das Spiel hat um 20 Uhr begonnen.
il giocatore [dʒɔkaˈtoːre]	Spieler
l'arbitro [ˈaːrbitro]	Schiedsrichter
il vincitore [vinˈtʃitoːre]	Sieger
il perdente [perˈdɛnte]	Verlierer
la medaglia [meˈdaʎʎa]	Medaille

> *i* Pokal heißt *coppa* auf Italienisch! Der Weltcup im Fußball ist *coppa del mondo.*

la partenza [parˈtɛntsa]	Start
il record [ˈrɛːkord]	Rekord

3. Reise und Urlaub

il viaggio [vi'addʒo]	Reise
viaggiare [viad'dʒa:re]	reisen
la vacanza [va'kantsa]	Urlaub, Ferien
l'alta stagione ['alta sta'dʒo:ne]	Hauptsaison
la bassa stagione ['bassa sta'dʒo:ne]	Nebensaison
l'agenzia di viaggi [adʒen'tsi:a di vi'addʒi]	Reisebüro
prenotare [preno'ta:re]	buchen
la valigia [va'li:dʒa]	Koffer
lo zaino ['dza:ino]	Rucksack
il bagaglio [ba'gaʎʎo]	Gepäck
il bagaglio a mano [ba'gaʎʎo a 'ma:no]	Handgepäck
È ammesso un solo bagaglio a mano per passeggero.	Pro Passagier ist nur ein Stück Handgepäck erlaubt.
il beautycase ['bju:ti'keis]	Kosmetikkoffer
fare la valigia	packen
il passaporto [passa'pɔrto]	Pass
l'albergo [al'bɛ:rgo]	Hotel
la pensione [pen'sio:ne]	Pension
l'ostello della gioventù [os'tɛllo 'della dʒoven'tu]	Jugendherberge
la piscina [piʃ'ʃi:na]	Swimmingpool
la vista sul mare ['vista sul 'ma:re]	Meerblick
Vorremmo prenotare una camera doppia con vista (sul) mare.	Wir würden gern ein Doppelzimmer mit Meerblick buchen.
il volo ['vo:lo]	Flug
il biglietto [biʎ'ʎetto]	Ticket
il biglietto di ritorno [biʎ'ʎetto di ri'to:rno]	Rückfahrkarte
la partenza [par'tɛntsa]	Abreise
l'arrivo [ar'ri:vo]	Ankunft
il ritardo [ri'tardo]	Verspätung

la coincidenza [kointʃi'dɛntsa]	Anschluss
A causa del ritardo abbiamo perso la coincidenza con l'altro volo.	Wegen der Verspätung haben wir unseren Anschlussflug verpasst.
il turista [tu'riːsta]	Tourist
il passeggero [passed'dʒɛːro]	Passagier
l'ospite *m, f* ['ɔspite]	Gast
l'alloggio [al'lɔddʒo]	Unterkunft
L'agenzia di viaggi si occupa del trasporto e dell'alloggio.	Das Reisebüro kümmert sich um Transport und Unterkunft.
la pensione completa [pen'sioːne kom'plɛːta]	Vollpension
la mezza pensione ['mɛddza pen'sioːne]	Halbpension
il pernottamento con colazione [pernotta'mento kon kolat'tsioːne]	Übernachtung mit Frühstück
il campeggio [kam'peddʒo]	Campingplatz
la tenda ['tɛnda]	Zelt
il viaggio organizzato [vi'addʒo organid'dzaːto]	Pauschalreise
il giro ['dʒiːro]	Rundreise
l'andata e il ritorno [lan'daːta e il ri'torno]	Hin- und Rückfahrt
la guida turistica ['guiːda tu'ristika]	Reiseleiter
le cose *pl* **da vedere** ['kɔːse da ve'deːre]	Sehenswürdigkeiten
la gita ['dʒiːta]	Ausflug
la visita ['viːzita]	Besichtigung
la visita della città ['viːzita 'della tʃit'ta]	Stadtrundfahrt
il soggiorno [sod'dʒorno]	Aufenthalt
soggiornare [soddʒor'naːre]	sich aufhalten
il telo da mare ['teːlo da 'maːre]	Strandtuch
l'abbronzatura [abbrondza'tuːra]	Sonnenbräune
la protezione solare [protet'tsioːne so'laːre]	Sonnenschutz

Kunst und Kultur

l'arte *f* ['arte]	Kunst
la cultura [kul'tu:ra]	Kultur
la musica ['mu:zika]	Musik
il concerto [kon'tʃɛrto]	Konzert
l'opera ['ɔ:pera]	Oper
la canzone [kan'tso:ne]	Lied
la melodia [melo'di:a]	Melodie
Questa melodia mi ricorda qualcosa.	Diese Melodie erinnert mich an etwas.
il/la cantante [kan'tante]	Sänger(in)
cantare [kan'ta:re]	singen
Canta molto bene.	Sie singt sehr gut.
le note *pl* ['nɔ:te]	Noten
il pianoforte [piano'fɔrte]	Klavier
il violino [vio'li:no]	Geige
la chitarra [ki'tarra]	Gitarre
il flauto ['fla:uto]	Flöte
gli strumenti ad arco *pl* [stru'menti ad 'a:rko]	Streichinstrumente
gli ottoni *pl* ['otto:ni]	Blechblasinstrumente
gli strumenti a fiato *pl* [stru'menti a 'fia:to]	Holzblasinstrumente
la batteria [batte'ri:a]	Schlagzeug

> *i* Achtung! Ein Instrument spielen heißt auf Italienisch *suonare uno strumento*, ansonsten heißt spielen allgemein *giocare*.

l'atto ['atto]	Akt
il teatro [te'a:tro]	Theater
l'opera teatrale ['ɔ:pera tea'tra:le]	Theaterstück

> *i* In Palermo (Sizilien) befindet sich das *Teatro Massimo*, das größte Theater Italiens und das drittgrößte Europas nach der *Opéra* in Paris und der *Staatsoper* in Wien.

mettere in scena ['mɛttere in 'ʃɛːna]	aufführen
recitare [retʃi'taːre]	vortragen, spielen
L'attrice ha recitato il suo ruolo in modo eccellente.	Die Schauspielerin hat ihre Rolle hervorragend gespielt.
la rappresentazione [rapprezentat'tsioːne]	Aufführung
il pubblico ['pubbliko]	Publikum
l'attore *m* [at'toːre]	Schauspieler
l'attrice *f* [at'triːtʃe]	Schauspielerin
La mia attrice preferita è Sofia Loren.	Meine Lieblingsschauspielerin ist Sofia Loren.
l'applauso [ap'plaːuzo]	Applaus
L'applauso è stato travolgente.	Der Applaus war überwältigend.
il posto (a sedere) ['posto (a se'deːre)]	Sitzplatz
il cinema ['tʃiːnema]	Kino
Ho voglia di vedere un film. Andiamo al cinema?	Ich habe Lust einen Film zu sehen. Gehen wir ins Kino?
il film [film]	Film
la mostra ['mostra]	Ausstellung
il quadro ['kuaːdro]	Bild
la foto(grafia) [foto(gra'fiːa)]	Foto
il dipinto [di'pinto]	Gemälde
Mi piacciono i dipinti antichi.	Ich liebe alte Gemälde.
dipingere [di'pindʒeːre]	malen
disegnare [dizeɲ'ɲaːre]	zeichnen
la fotografia [fotogra'fiːa]	Fotografie
la telecamera [tele'kaːmera]	Kamera
la scultura [skul'tuːra]	Skulptur, Plastik
la letteratura [lettera'tuːra]	Literatur
l'autore *m* [au'toːre]	Autor
L'autore ha presentato al pubblico con una lettura il suo nuovo romanzo.	Der Autor stellte dem Publikum in einer Lesung seinen neuesten Roman vor.
l'autrice [au'triːtʃe]	Autorin
L'autrice del libro *Le strade di polvere* è Rosetta Loy.	Autorin des Buches *Straßen aus Staub* ist Rosetta Loy.

Transport und Verkehr

il trasporto [tras'pɔrto]	Transport
i mezzi *pl* **di trasporto pubblici** ['mɛddzi di tras'pɔrto 'pubblitʃi]	öffentliche Verkehrsmittel
il traffico ['traffiko]	Verkehr
l'ingorgo [iŋ'gorgo]	Stau
Mentre andavo al lavoro sono rimasto imbottigliato in un ingorgo.	Auf dem Weg zur Arbeit bin ich in einem Stau stecken geblieben.

> *i* Der Verkehrspolizist heißt auf Italienisch *vigile urbano.*

la macchina ['makkina]	Auto

> *i* Für *macchina* kann man auch *auto(mobile)* sagen.

il camion ['ka:mion]	Lastwagen
il furgone [fur'go:ne]	Lieferwagen
la bicicletta [bitʃi'kletta]	Fahrrad

> *i* Fahrrad fahren heißt auf Italienisch *andare in bicicletta.*

la motocicletta [mototʃi'kletta]	Motorrad
il taxi ['taksi]	Taxi
la macchina a noleggio ['makkina a no'leddʒo]	Mietwagen
la metropolitana [metropoli'ta:na]	U-Bahn
l'autobus *m* ['a:utobus]	Bus
il tram [tram]	Straßenbahn
il pullman ['pulman]	Reisebus
il treno ['trɛ:no]	Zug

la nave [ˈnaːve]	Schiff
la barca [ˈbarka]	Boot
Ho una barca al porto di Napoli.	Ich habe ein Boot im Hafen von Neapel.
il traghetto [traˈgetto]	Fähre
l'aereo [aˈɛːreo]	Flugzeug
la stazione [statˈtsioːne]	Bahnhof
il binario [biˈnaːrio]	Bahngleis
l'aeroporto [aeroˈpɔrto]	Flughafen
l'uscita [uʃˈʃiːta]	Flugsteig
Il volo per Roma è all'uscita 9.	Der Flug nach Rom geht vom Flugsteig 9 ab.
la compagnia aerea [kompaɲˈɲiːa aˈɛːrea]	Fluggesellschaft

Der Name der italienischen Fluggesellschaft *Alitalia* leitet sich ab von *ali* (Flügel) und *Italia* (Italien).

il porto [ˈpɔrto]	Hafen
lo sportello [sporˈtɛllo]	Schalter
il controllore [kontrolˈloːre]	Schaffner
il biglietto [biʎˈʎetto]	Fahrkarte
I biglietti, per favore!	Die Fahrkarten bitte!
obliterare [obliteˈraːre]	stempeln, entwerten
Non si dimentichi di obliterare i biglietti.	Vergessen Sie nicht die Fahrkarten zu entwerten.
la tariffa [taˈriffa]	Tarif
la fermata [ferˈmaːta]	Haltestelle
Deve scendere alla seconda fermata.	Sie müssen an der zweiten Haltestelle aussteigen.
il capolinea [kapoˈliːnea]	Endstation
l'orario [oˈraːrio]	Fahrplan
Dov'è l'orario dei treni?	Wo ist der Fahrplan der Züge?
andare [anˈdaːre]	fahren, gehen, laufen
Sono andato con la macchina al distributore di benzina.	Ich bin mit dem Auto zur Tankstelle gefahren.
il viaggio [viˈaddʒo]	Fahrt, Reise
Il viaggio per gli Stati Uniti è durato otto ore.	Die Reise in die USA hat acht Stunden gedauert.

viaggiare in aereo [viad'dʒa:re in a'ɛ:reo]	fliegen
andare a piedi [an'da:re a 'piɛ:di]	zu Fuß gehen
a piedi [a 'piɛ:di]	zu Fuß
Andrò a piedi.	Ich werde zu Fuß gehen.
la strada ['stra:da]	Straße
la via ['vi:a]	Weg, Straße
l'autostrada [auto'stra:da]	Autobahn
la strada maestra ['stra:da ma'ɛstra]	Landstraße
la strada principale ['stra:da printʃi'pa:le]	Hauptstraße
la strada secondaria ['stra:da sekon'da:ria]	Nebenstraße
la strada a senso unico ['stra:da a 'sɛnso 'u:niko]	Einbahnstraße
svoltare [zvol'ta:re]	abbiegen
girare [dʒi'ra:re]	umkehren
Penso che siamo andati nella direzione sbagliata. Alla prossima gira, per favore.	Ich glaube, wir sind in die falsche Richtung gefahren. Bitte dreh' an der nächsten Straße um.
il marciapiede [martʃa'piɛ:de]	Bürgersteig
il pedone [pe'do:ne]	Fußgänger
I pedoni sono pregati di usare il marciapiede.	Fußgänger werden gebeten, den Bürgersteig zu benutzen.
l'incrocio [iɲ'kro:tʃo]	Kreuzung
Al incrocio svolti a sinistra.	Biegen Sie an der Kreuzung links ab.
il semaforo [se'ma:foro]	Ampel
Il semaforo è diventato rosso.	Die Ampel schaltete auf Rot.
la direzione [diret'tsio:ne]	Richtung
il cartello stradale [kar'tɛllo stra'da:le]	Straßenschild
l'ora di punta ['o:ra di 'punta]	Hauptverkehrszeit
Nell'ora di punta il traffico è molto intenso.	In der Hauptverkehrszeit herrscht sehr dichter Verkehr.

Stadt und Land

il paese [pa'e:ze]	Dorf

> Im Italienischen heißt *paese* auch Land.

la fattoria [fatto'ri:a]	Bauernhof
il contadino [konta'di:no]	Bauer
la cittadina [tʃitta'di:na]	Kleinstadt
la città [tʃit'ta]	Stadt
il centro ['tʃɛntro]	Innenstadt, Zentrum
il municipio [muni'tʃi:pio]	Rathaus
Il municipio è aperto al pubblico il mercoledì.	Das Rathaus ist mittwochs für die Öffentlichkeit zugänglich.
il sindaco ['sindako]	Bürgermeister
Il sindaco della nostra città fa bene il suo lavoro.	Der Bürgermeister unserer Stadt macht seine Sache sehr gut.
il parco ['parko]	Park
la piazza ['piattsa]	Platz
il monumento [monu'me:nto]	Denkmal
il cimitero [tʃimi'tɛ:ro]	Friedhof
Siamo andati al cimitero e abbiamo messo dei fiori sulla tomba.	Wir sind zum Friedhof gegangen und haben Blumen auf das Grab gestellt.
lo zoo ['dzoo]	Zoo
il museo [mu'zɛ:o]	Museum
la pianta della città ['pianta 'della tʃit'ta]	Stadtplan
Senza pianta della città sono perso.	Ohne Stadtplan bin ich aufgeschmissen.
il ponte ['ponte]	Brücke
il distributore di benzina [distribu'to:re di ben'dzi:na]	Tankstelle
il parcheggio [par'keddʒo]	Parkplatz
il palazzo sede di uffici [pa'lattso 'sɛde di uf'fitʃi]	Bürogebäude
il grattacielo [gratta'tʃɛ:lo]	Hochhaus

Natur und Umwelt

1. Elemente und Himmelsrichtungen

il fuoco [ˈfuɔːko]	Feuer, Brand
l'acqua [ˈakkua]	Wasser
l'aria [ˈaːria]	Luft
la terra [ˈtɛrra]	Erde

Achtung! Wenn man sich mit dem Wort *terra* auf den Planet Erde bezieht, wird das Wort großgeschrieben.

il nord [ˈnɔrd]	Nord
il sud [ˈsud]	Süd
l'ovest *m* [ˈɔvest]	West
l'est *m* [ˈɛst]	Ost
il nordovest [nɔrdˈɔːvest]	Nord-West
il nordest [nɔrdˈɛst]	Nord-Ost
il sudest [sudˈɛst]	Süd-Ost
il sudovest [sudˈɔvest]	Süd-West

2. Klima und Wetter

il mondo [ˈmondo]	Welt, Erde
il sole [ˈsoːle]	Sonne
la luna [ˈluːna]	Mond
la stella [ˈstella]	Stern

Die Sternschnuppe heißt auf Italienisch *la stella cadente*, der Weihnachtsstern *la stella cometa* und die Karnevalsluftschlange *la stella filante.*

il pianeta [piaˈneːta]	Planet
il clima [ˈkliːma]	Klima
il tempo [ˈtɛmpo]	Wetter
Il tempo è completamente imprevedibile.	Das Wetter ist überhaupt nicht vorhersehbar.

il raggio di sole ['raddʒo di 'so:le]	Sonnenschein
l'alba ['alba]	Sonnenaufgang
il tramonto [tra'monto]	Sonnenuntergang
il vento ['vεnto]	Wind
Il vento soffiava e scuoteva gli alberi.	Der Wind wehte und schüttelte die Bäume.
la tempesta [tem'pεsta]	Sturm
la pioggia ['piɔddʒa]	Regen
piovere ['piɔ:vere]	regnen
Pioveva a dirotto.	Es goss in Strömen.
l'arcobaleno [arkoba'le:no]	Regenbogen
lo scroscio ['skrɔʃʃo]	Schauer
la grandine ['grandine]	Hagel
La grandine ha reso impossibile uscire di casa.	Der Hagel hat es unmöglich gemacht, das Haus zu verlassen.
la neve ['ne:ve]	Schnee
il ghiaccio ['giattʃo]	Eis, Glätte
il temporale [tempo'ra:le]	Gewitter
il lampo ['lampo]	Blitz
il tuono ['tuɔ:no]	Donner
la nebbia ['nebbia]	Nebel
Stamattina c'era molta nebbia.	Heute Morgen gab es sehr viel Nebel.
il cielo ['tʃε:lo]	Himmel

ℹ Ein altes italienisches Sprichwort heißt: *Cielo a pecorelle, acqua a catinelle* (auf Schäfchenwolken folgt strömender Regen).

la nuvola ['nu:vola]	Wolke
Al tramonto ci sono nuvole di vari colori.	Beim Sonnenuntergang gibt es Wolken mit unterschiedlichen Farben.
la temperatura [tempera'tu:ra]	Temperatur
freddo/a ['freddo/a]	kalt
fresco/a ['fresko/a]	kühl
caldo/a ['kaldo/a]	warm

umido/a [ˈuːmido/a] | feucht
La Florida ha un clima molto umido. | Florida hat ein sehr feuchtes Klima.
afoso/a [aˈfoːzo/a] | schwül
torrido/a [ˈtɔrrido/a] | heiß, glühend heiß
la calura [kaˈluːra] | Hitze
soffiare [sofˈfiaːre] | wehen, pusten
gelare [dʒeˈlaːre] | frieren
Lo stagno è gelato durante la notte. | Der Teich ist über Nacht zugefroren.
le previsioni *pl* **del tempo** [previˈzioːni del ˈtɛmpo] | Wettervorhersage
Le previsioni del tempo non sono attendibili. | Die Wettervorhersage ist nicht verlässlich.

> *i* Wenn man ausdrücken will, wie das Wetter ist, verwendet man das Verb *fare*:
> *Che tempo fa?* Wie ist das Wetter?
> *Fa caldo.* Es ist warm.
> *Fa freddo.* Es ist kalt.

la natura [naˈtuːra] | Natur
l'ambiente *m* [amˈbiɛnte] | Umwelt
l'inquinamento [iŋkuinaˈmento] | Umweltverschmutzung
L'inquinamento dell'aria minaccia l'ambiente. | Die Luftverschmutzung bedroht die Umwelt.
la difesa dell'ambiente [diˈfeːsa dellamˈbiɛnte] | Umweltschutz

3. Material, Stoffe und Energie

il materiale [mateˈriaːle] | Material, Stoff
il tessuto [tesˈsuːto] | Stoff, Gewebe
Il tessuto è molto sensibile. | Der Stoff ist sehr empfindlich.
il cotone [koˈtoːne] | Baumwolle
Questa maglietta è fatta di cottone. | Das T-Shirt ist aus Baumwolle.
la lana [ˈlaːna] | Wolle

la seta ['seːta]	Seide
Il suo vestito da sera era di pura seta.	Ihr Abendkleid war aus reiner Seide.
il velluto [vel'luːto]	Samt
I cuscini avevano un rivestimento in velluto.	Die Kissen hatten einen Samtbezug.
il lino ['liːno]	Leinen
il legno ['leɲɲo]	Holz
la plastica ['plastika]	Plastik
il ferro ['fɛrro]	Eisen
il metallo [me'tallo]	Metall
la gomma ['gomma]	Gummi
Preferisco le suole di gomma per le scarpe. Così non sono scivolose.	Ich habe lieber Gummisohlen an meinen Schuhen. Sie sind dann nicht so rutschig.
la pelle ['pɛlle]	Leder
la pietra ['piɛːtra]	Stein
la sabbia ['sabbia]	Sand
la polvere ['polvere]	Pulver, Puder, Staub
le ricchezze *pl* **del sottosuolo** [rik'kettse del sotto'suɔːlo]	Bodenschätze
Il paese sfrutta le ricchezze del sottosuolo.	Das Land beutet seine Bodenschätze aus.
il carbone [kar'boːne]	Kohle
il petrolio [pe'trɔlio]	Öl
il gas [gas]	Gas
l'oro ['ɔːro]	Gold
l'argento [ar'dʒɛnto]	Silber
l'energia [ener'dʒiːa]	Energie
l'elettricità [elettritʃi'ta]	Strom, Elektrizität
il vapore [va'poːre]	Dampf
il fumo ['fuːmo]	Rauch

4. Landschaft

il paesaggio [pae'zaddʒo]	Landschaft
Il paesaggio era molto pittoresco.	Die Landschaft war sehr malerisch.
il bosco ['bɔsko]	Wald

il campo ['kampo]	Feld
il prato ['pra:to]	Rasen, Wiese
Mario ha falciato il prato.	Mario hat den Rasen gemäht.
il sentiero [sen'tiɛ:ro]	Pfad, Weg
Uno stretto sentiero conduce al bosco.	Ein schmaler Pfad führt durch den Wald.
la montagna [mon'taɲɲa]	Gebirge
il monte ['monte]	Berg

Der *Monte Bianco* (Montblanc) ist der höchste Berg Italiens (4.810,9 m).

la collina [kol'li:na]	Hügel
la valle ['valle]	Tal
la cima ['tʃi:ma]	Gipfel
La cima della montagna è scomparsa dietro le nuvole.	Der Berggipfel ist hinter den Wolken verschwunden.
la roccia ['rɔtʃa]	Fels
lo stagno ['staɲɲo]	Teich
il lago ['la:go]	See
il mare ['ma:re]	Meer
l'oceano [o'tʃɛ:ano]	Ozean
la spiaggia ['spiaddʒa]	Strand
la riva ['ri:va]	Ufer
Ci siamo seduti sulla riva del fiume e abbiamo guardato il tramonto.	Wir haben am Flussufer gesessen und den Sonnenuntergang beobachtet.
la costa ['kɔsta]	Küste
la sorgente [sor'dʒɛnte]	Quelle
il fiume ['fiu:me]	Fluss
la vista ['vista]	Aussicht
la terra ['tɛrra]	Boden, Erde
Ha piovuto, la terra è bagnata.	Es hat geregnet, die Erde ist nass.

5. Pflanzen

la pianta ['pianta]	Pflanze
piantare [pian'ta:re]	pflanzen

l'acqua ['akkua]	Wasser
innaffiare [innaf'fia:re]	gießen
Le piante devono essere innaffiate ogni giorno.	Die Pflanzen müssen jeden Tag gegossen werden.
l'albero ['albero]	Baum
l'abete *m* [a'be:te]	Tanne
la palma ['palma]	Palme
il cactus ['kaktus]	Kaktus
il ramo ['ra:mo]	Ast, Zweig
C'erano tanti rami che facevano ombra.	Es gab viele Äste und Zweige, die Schatten spendeten.
il tronco ['troŋko]	Stamm
il cespuglio [tʃes'puʎʎo]	Busch
l'arbusto [ar'busto]	Strauch
il fiore ['fio:re]	Blume
il mazzo di fiori ['mattso di 'fio:ri]	Blumenstrauß
la rosa ['rɔ:za]	Rose
il tulipano [tuli'pa:no]	Tulpe
il vaso di fiori ['va:so di 'fio:ri]	Blumentopf, Blumenvase
l'aiuola [aiu'ɔ:la]	Blumenbeet
appassire [appas'si:re]	welken
Con questa calura i fiori appassiscono presto.	Bei dieser Hitze welken die Blumen schnell.
il seme ['se:me]	Samen
l'erba ['ɛrba]	Gras
la foglia ['fɔʎʎa]	Blatt
In autunno tutte le foglie diventano marrone.	Im Herbst werden alle Blätter braun.

ℹ Achtung! Das Blatt Papier heißt auf Italienisch *il foglio (di carta)* und ist männlich, das Blatt des Baums heißt *la foglia* und ist weiblich.

la radice [ra'di:tʃe]	Wurzel
il petalo ['pɛ:talo]	Blüte
l'erbaccia [er'battʃa]	Unkraut
estirpare [estir'pa:re]	jäten
Estirperò le erbacce.	Ich werde das Unkraut jäten.

6. Tiere

l'animale *m* [ani'maːle]	Tier
il cane ['kaːne]	Hund
Il cane agitava la coda.	Der Hund wedelte mit dem Schwanz.
il gatto ['gatto]	Katze
Il gatto faceva le fusa.	Die Katze schnurrte.
la lepre ['lɛːpre]	Hase
il coniglio [ko'niʎʎo]	Kaninchen
la pecora ['pɛːkora]	Schaf
il gallo ['gallo]	Hahn
la gallina [gal'liːna]	Huhn
il cavallo [ka'vallo]	Pferd
il topo ['tɔːpo]	Maus
il maiale [ma'iaːle]	Schwein
la capra ['kaːpra]	Ziege
la mucca ['mukka]	Kuh
il bue ['buːe]	Ochse
il toro ['tɔːro]	Stier
l'uccello [ut'tʃɛllo]	Vogel
l'anatra ['aːnatra]	Ente
l'oca ['ɔːka]	Gans
la rana ['raːna]	Frosch
il pesce ['peʃʃe]	Fisch
l'insetto [in'sɛtto]	Insekt
la mosca ['moska]	Fliege
l'ape *f* [aːpe]	Biene
la farfalla [far'falla]	Schmetterling
il ragno ['raɲɲo]	Spinne
Il ragno ha fatto una ragnatela.	Die Spinne hat ein Spinnennetz gesponnen.
il verme ['vɛrme]	Wurm
l'orso ['orso]	Bär
il leone [le'oːne]	Löwe
la tigre ['tiːgre]	Tiger
l'elefante *m* [ele'fante]	Elefant
la scimmia ['ʃimmia]	Affe
il serpente [ser'pɛnte]	Schlange

Kommunikation und Information

1. Post

la posta ['pɔsta]	Post
l'ufficio postale [uf'fi:tʃo pos'ta:le]	Postamt
la lettera ['lɛttera]	Brief
il pacco ['pakko]	Paket
il pacchetto [pak'ketto]	Päckchen
la cartolina [karto'li:na]	Postkarte
l'indirizzo [indi'rittso]	Adresse
il/la mittente [mit'tɛnte]	Absender(in)
La lettera è ritornata al mittente perché l'indirizzo era sconosciuto.	Der Brief ging an den Absender zurück, weil die Adresse unbekannt war.
il/la destinatario/a [destina'ta:rio/a]	Empfänger(in)
scrivere ['skri:vere]	schreiben
mandare [man'da:re]	senden, verschicken
la posta aerea ['pɔsta a'ɛ:rea]	Luftpost
Vorrei mandare questo pacco per posta aerea.	Ich möchte dieses Paket per Luftpost verschicken.
la posta prioritaria ['pɔsta priori'ta:ria]	Eilsendung
la raccomandata [rakkoman'da:ta]	Einschreiben
Vorrei spedire queste documentazioni per raccomandata.	Ich würde diese Unterlagen gerne als Einschreiben aufgeben.
la carta da lettere ['karta da 'lɛttere]	Briefpapier
gli articoli di cancelleria *pl* [ar'ti:coli di kantʃelle'ri:a]	Schreibwaren
la cartoleria [kartole'ri:a]	Schreibwarenladen
Ho comprato delle buste da lettere in cartoleria.	Ich habe im Schreibwarenladen Briefumschläge gekauft.
la busta da lettera ['busta da 'lɛttera]	(Brief-)Umschlag

il francobollo [fraŋko'bollo]	Briefmarke
la buca delle lettere ['bu:ka 'delle 'lɛttere]	(Post-)Briefkasten
il/la postino/a [pos'ti:no/a]	Briefträger(in)

2. Telefon

il telefono [te'lɛ:fono]	Telefon
la telefonata [telefo'na:ta]	Anruf
telefonare [telefo'na:re]	anrufen
fare il numero ['fa:re il 'nu:mero]	wählen
Ho fatto il numero sbagliato.	Ich habe mich verwählt.

In der Umgangssprache kann man auch *chiamata* und *chiamare* statt *telefonata* und *telefonare* sagen. Die Vorwahl für Italien ist +39. Wenn man aus dem Ausland nach Italien anruft, lässt man bei der Ortsvorwahl die 0 nie weg, sondern wählt sie immer mit.

la linea ['li:nea]	Leitung
Parlo sull'altra linea.	Ich spreche auf der anderen Leitung.
La linea era occupata.	Die Leitung war belegt.
sollevare (il ricevitore) [solle'va:re (il ritʃevi'to:re)]	(den Hörer) abnehmen
Ho sentito squillare il telefono per più di un minuto, ma non ho sollevato il ricevitore.	Ich habe das Telefon länger als eine Minute klingeln hören, aber ich habe den Hörer nicht abgenommen.

Generell meldet man sich am Telefon in Italien mit: *Pronto?* oder *Pronto, chi parla?*

riattaccare [riattak'ka:re]	auflegen
Abbiamo litigato e ha riattaccato improvvisamente.	Wir haben uns gestritten und plötzlich hat er einfach aufgelegt.
squillare [skuil'la:re]	klingeln
Il telefona squilla.	Das Telefon klingelt.

la segreteria telefonica [segrete'ri:a tele'fɔ:nika] — Anrufbeantworter
il messaggio — Nachricht
Vuole lasciare un messaggio? — Möchten Sie eine Nachricht hinterlassen?
passare [pas'sɑ:re] — verbinden, durchstellen
Rimanga in linea. Le passo la signora Schmidt. — Bleiben Sie bitte dran. Ich stelle Sie zu Frau Schmidt durch.
richiamare [rikia'ma:re] — zurückrufen
Vuoi che ti richiami? — Soll ich dich zurückrufen?
il cellulare [tʃellu'la:re] — Mobiltelefon, Handy
il telefonino [telefɔ'ni:no] — Mobiltelefon, Handy

> Auch Italien hat ihre SMS-Sprache. Hier einige Beispiele:
> *xké* — *perché*
> *sn* — *sono*
> *+ o –* — *più o meno*
> *tvb* — *ti voglio bene*
> *c6* — *ci sei?*

la scheda telefonica prepagata ['skɛ:da tele'fɔ:nika prepa'ga:ta] — Prepaid-Karte
la carta sim ['karta sim] — SIM-Karte
lo smartphone ['smɑ:tfɔʊn] — Smartphone
l'sms *m* ['ɛsseɛmme'ɛsse] — SMS
la carta/scheda telefonica ['karta/'skɛ:da tele'fɔ:nika] — Telefonkarte

3. Medien

i mezzi *pl* **di comunicazione** ['mɛddzi di komunikat'tsio:ne] — Medien
leggere ['lɛddʒere] — lesen
Leggo il giornale ogni giorno. — Ich lese die Zeitung jeden Tag.
stampare [stam'pa:re] — drucken
il giornale [dʒor'na:le] — Zeitung
il quotidiano [kuoti'dia:no] — Tageszeitung
La Repubblica è un quotidiano. — *La Repubblica* ist eine Tageszeitung.

la rivista [ri'vista]	Zeitschrift, Magazin
Mi sono abbonato a varie riviste settimanali.	Ich habe mehrere Wochenzeitschriften abonniert.
l'articolo [ar'ti:kolo]	Artikel
la televisione [televi'zio:ne]	Fernsehen

Die bekanntesten italienischen Fernsehprogramme sind: *Rai Uno, Rai Due, Rai Tre* (alle öffentlich-rechtlich), *Rete 4, Canale 5 und Italia 1* (alle private Fernsehsender der Gruppe Mediaset).

il notiziario [notit'tsiario]	Nachrichten
la radio ['ra:dio]	Radio
il televisore [televi'zo:re]	Fernseher
il programma [pro'gramma]	Programm, Sendung
l'emittente *f* [emit'tɛnte]	Sender
il telecomando [teleko'mando]	Fernbedienung
Dov'è il telecomando? Vorrei cambiare canale.	Wo ist die Fernbedienung? Ich würde gerne umschalten.
il video ['vi:deo]	Video

4. Computer

il computer [kom'pjuter]	Computer, PC
l'Internet *f* ['internet]	Internet
l'e-mail *f* [i'meil]	E-Mail
la tastiera [tas'tiɛ:ra]	Tastatur
lo schermo ['skermo]	Bildschirm
il cavo ['ka:vo]	Kabel
la stampante [stam'pante]	Drucker
la fotocopiatrice [fotokopia'tri:tʃe]	Kopierer
l'hardware *m* ['ha:dwɛr]	Hardware
il disco rigido ['disko 'ri:dʒido]	Festplatte
il software ['sɔftwɛr]	Software
senza fili ['sɛntsa 'fi:li]	drahtlos
La connessione senza fili è molto comoda.	Drahtloses Surfen ist sehr bequem.

l'accesso [at'tʃɛsso]	Zugang
Per qualche ragione non ho accesso ad Internet.	Aus irgendeinem Grund habe ich keinen Zugang zum Internet.
navigare [navi'gaːre]	surfen
la chiave *f* **USB** ['kiaːve u'ɛsse'biː]	USB-Stick
il wireless ['wuaɪɛlis]	W-LAN
scaricare [skari'kaːre]	downloaden
il file ['fail]	Datei
Ho salvato il file sul disco rigido.	Ich habe die Datei auf der Festplatte gespeichert.
i dati *pl* ['daːti]	Daten
Ho inserito tutti i dati nella bancadati.	Ich habe alle Daten in die Datenbank eingegeben.
il motore di ricerca [mo'toːre di ri'tʃerka]	Suchmaschine
Virgilio.it è un motore di ricerca italiano.	*Virgilio.it* ist eine italienische Suchmaschine.
il menù [me'nu]	Menü
salvare [sal'vaːre]	speichern
la piattaforma [piatta'foːrma]	Plattform
il sistema operativo [si'stɛːma opera'tiːvo]	Betriebssystem
il simbolo ['siːmbolo]	Symbol
incollare [inkol'laːre]	einfügen
Ho copiato il testo e l'ho incollato nell'altro documento.	Ich habe den Text kopiert und in das andere Dokument eingefügt.
cancellare [kantʃel'laːre]	löschen
Non cancellarmi i miei dati!	Lösch' mir nicht meine Daten!
immettere [im'mɛttere]	eingeben
l'utente *m, f* [u'tɛnte]	Benutzer(in)
L'utente da lei chiamato è momentaneamente occupato.	Der von ihnen gewählte Teilnehmer ist momentan besetzt.
l'allegato [alle'gaːto]	Anhang
Stai attenta quando apri gli allegati.	Sei vorsichtig, wenn du die Anhänge öffnest.
allegare [alle'gaːre]	anhängen
Ho allegato il mio curriculum all'e-mail.	Ich habe meinen Lebenslauf an die E-Mail angehängt.

Wirtschaft

1. Unternehmen und Handel

l'economia [ekono'mi:a]	Wirtschaft
L'economia ha avuto un boom.	Die Wirtschaft boomte.
il commercio [kom'mɛrtʃo]	Handel
l'artigianato [artidʒa'na:to]	Handwerk
commerciare [kommer'tʃa:re]	handeln
l'industria [in'dustria]	Industrie, Branche
il mercato [mer'ka:to]	Markt
la ditta ['ditta]	Unternehmen, Firma
la fabbrica ['fabbrika]	Fabrik
aziendale [adzien'da:le]	Firmen-
l'organizzazione *f* [organiddzat'tsio:ne]	Organisation
l'affare *m* [af'fa:re]	Geschäft
d'affari [daf'fa:ri]	geschäftlich

Das Außenministerium heißt auf Italienisch *il Ministero degli Affari Esteri.* Hier einige Ausdrücke, die mit dem Wort *affare* gebildet werden:

affari di cuore	Herzensangelegenheiten
affari d'oro	Bombengeschäfte
Non sono affari tuoi!	Das geht dich nichts an!
Affari tuoi!	Sieh zu, wie du damit fertig wirst!

commerciale [kommer'tʃa:le]	Handels-, gewerblich
Faccio un corso di corrispondenza commerciale.	Ich mache einen Kurs in Handelskorrespondenz.
il prodotto [pro'dotto]	Produkt
la produzione [produt'tsio:ne]	Produktion
il servizio [ser'vittsio]	Dienstleistung
La sua mentalità riguardo al servizio lasciava molto a desiderare.	Seine Dienstleistungsmentalität ließ sehr zu wünschen übrig.
il deposito [de'pɔ:sito]	Lager
la scorta ['skɔrta]	Vorrat

l'amministrazione *f* [amministrat'tsio:ne]	Geschäftsführung
la segreteria [segrete'ri:a]	Sekretariat
il manager ['mɛnadʒer]	Manager
il giro d'affari ['dʒi:ro daf'fa:ri]	Umsatz
Il giro d'affari è aumentato notevolmente.	Der Umsatz ist erheblich gestiegen.
il guadagno [gua'daɲɲo]	Gewinn
la perdita ['pɛrdita]	Verlust
il bilancio [bi'lantʃo]	Bilanz
la globalizzazione [globalidzat'tsio:ne]	Globalisierung

2. Banken und Geld

la banca ['baŋka]	Bank
i soldi *pl* ['sɔldi]	Geld
le finanze *pl* [fi'nantse]	Finanzen
finanziare [finan'tsia:re]	finanzieren
il finanziamento [finantsia:'mento]	Finanzierung
Non poteva permettersi di pagare in contanti. Allora ha chiesto un finanziamento per la sua nuova macchina.	Er konnte es sich nicht leisten bar zu bezahlen. Also hat er um eine Finanzierung für sein neues Auto gebeten.
investire [inve'sti:re]	investieren
la borsa ['borsa]	Börse
l'azione *f* [at'tsio:ne]	Aktie
la valuta [va'lu:ta]	Währung
la banconota [baŋko'nɔ:ta]	(Geld-)Schein
Mi dispiace, non posso cambiarle la banconota.	Tut mir leid, ich kann Ihnen den Schein nicht wechseln.
la moneta [mo'ne:ta]	Münze
gli spiccioli *pl* ['spittʃoli]	Kleingeld, Wechselgeld
Hai spiccioli per il parchimetro?	Hast du Kleingeld für die Parkuhr?
cambiare [kam'bia:re]	wechseln

il conto ['konto]	Konto
aprire un conto [a'pri:re un 'konto]	ein Konto eröffnen
chiudere un conto ['kiudere un 'konto]	ein Konto auflösen
la carta di credito ['karta di 'kre:dito]	Kreditkarte
il bancomat ['bancomat]	Bankautomat
andare in rosso [an'da:re in 'rosso]	(Konto) überziehen
Questo mese devo andare in rosso.	Diesen Monat muss ich mein Konto überziehen.
il bonifico [bo'ni:fico]	Überweisung
versare [ver'sa:re]	überweisen, einzahlen
Ho versato i soldi sul suo conto.	Ich habe das Geld auf sein Konto überwiesen.
risparmiare [rispar'mia:re]	sparen
Ho risparmiato 2000 euro.	Ich habe 2000 Euro gespart.
riscuotere [ris'kuɔ:tere]	einlösen
Mario ha riscosso l'assegno.	Mario löste den Scheck ein.
scadere [ska'de:re]	fällig sein
il pagamento [paga'mento]	Zahlung
prelevare [prele'va:re]	abheben
Gianna ha prelevato 500 euro dal suo conto.	Gianna hat 500 Euro von ihrem Konto abgehoben.
l'estratto conto [e'stratto 'konto]	Kontoauszug
gli interessi *pl* [inte'rɛssi]	Zinsen
I tassi di interesse sono molto bassi.	Die Zinssätze sind sehr niedrig.
il prestito ['prɛstito]	Darlehen
il credito ['kre:dito]	Kredit
La banca non mi ha concesso il credito.	Die Bank hat mir den Kredit nicht gewährt.
la rata ['ra:ta]	Rate
Ha pagato la macchina in rate mensili.	Er zahlte das Auto in monatlichen Raten ab.
il patrimonio [patri'mɔ:nio]	Vermögen
la tassa ['tassa]	Gebühr
Le tasse bancarie sono troppo alte.	Die Bankgebühren sind zu hoch.

spendere ['spɛndere]	ausgeben
il debito ['de:bito]	Schulden
Ha contratto debiti.	Sie nahm Schulden auf.
indebitarsi [indebi'ta:rsi]	sich verschulden
Si è indebitata troppo.	Sie hat sich zu hoch verschuldet.
prestare [pres'ta:re]	leihen
ricco/a ['rikko/a]	reich
povero/a ['pɔ:vero/a]	arm

3. Beruf und Arbeit

il mestiere [mes'tiɛ:re]	Beruf
il posto di lavoro ['posto di la'vo:ro]	Arbeitsstelle, Arbeitsplatz
il lavoro [la'vo:ro]	Arbeit

i Im Italienischen wird der englische Ausdruck *(lavoro) part time* für Teilzeitarbeit verwendet. Für Vollzeitarbeit sagt man *lavoro a tempo pieno.*

il compito ['kompito]	Aufgabe
Oltre ai suoi compiti deve anche occuparsi della corrispondenza giornaliera.	Außer Ihren Aufgaben muss er sich auch um die Bearbeitung der täglichen Korrespondenz kümmern.
la domanda d'impiego [do'manda d im'piɛ:go]	Bewerbung
fare domanda ['fa:re do'manda]	sich bewerben
Ho fatto domanda come segretaria.	Ich habe mich als Sekretärin beworben.
disoccupato/a [dizokku'pa:to/a]	arbeitslos
il datore di lavoro [da'to:re di la'vo:ro]	Arbeitgeber
il lavoratore [lavora'to:re]	Arbeitnehmer, Arbeiter
la lavoratrice [lavora'tri:tʃe]	Arbeitnehmerin, Arbeiterin
l'impiegato/a [impie'ga:to/a]	Angestellte(r)
il personale [perso'na:le]	Belegschaft, Personal
L'azienda ha bisogno di più personale qualificato.	Das Unternehmen braucht mehr qualifiziertes Personal.

lo stipendio [sti'pɛndio] — Gehalt
Mario ha chiesto al suo capo un aumento di stipendio. — Mario hat seinen Chef um eine Gehaltserhöhung gebeten.

la paga ['pa:ga] — Lohn

il curriculum vitae [kur'ri:kulum 'vi:te] — Lebenslauf

la carriera [kar'riɛ:ra] — Karriere

l'offerta di lavoro [of'fɛrta di la'vo:ro] — Stellenangebot

il posto vacante ['posto va'ka:nte] — freie Stelle
Occupano i posti vacanti del reparto marketing. — Sie besetzen die freien Stellen in der Marketingabteilung.

il colloquio di lavoro [kol'lɔ:kuio di la'vo:ro] — Vorstellungsgespräch
Il colloquio di lavoro è andato molto bene. — Das Vorstellungsgespräch verlief sehr gut.

assumere [as'su:mere] — einstellen

il contratto [kon'tratto] — Vertrag

l'ufficio [uf'fitʃo] — Büro

il/la superiore [supe'rio:re] — Vorgesetzte(r)

dirigere [di'ridʒere] — führen, leiten

il/la collega (di lavoro) [kol'lɛ:ga (di la'vo:ro)] — Mitarbeiter(in), Kollege, Kollegin

la riunione [riu'nio:ne] — Sitzung

il sindacato [sinda'ka:to] — Gewerkschaft

lo sciopero ['ʃɔ:pero] — Streik
I lavoratori hanno fatto sciopero. — Die Arbeiter traten in den Streik.

guadagnare [guada'ɲa:re] — verdienen
Mario ha guadagnato 100.000 euro l'anno scorso. — Mario hat letztes Jahr 100.000 Euro verdient.

promuovere [pro'muɔ:vere] — befördern
Gianna è stata promossa caporeparto. — Gianna wurde zur Abteilungsleiterin befördert.

la promozione [promot'tsio:ne] — Beförderung

licenziare [litʃen'tsia:re] — entlassen, kündigen
Hanno licenziato 100 operai alla FIAT l'anno scorso. — Sie haben bei FIAT letztes Jahr 100 Arbeiter entlassen.

Staat und Gesellschaft

1. Staatswesen und Politik

la democrazia [demokrat'tsiːa]	Demokratie
la monarchia [monar'kiːa]	Monarchie

Am 2. Juni feiern die Italiener *la Festa della Repubblica.* 1946 stimmte die Mehrheit der Italiener für die Einführung der Republik und gegen die Beibehaltung der Monarchie als Staatsform ab. Das Königshaus Savoyen wurde daraufhin ins Exil geschickt.

la dittatura [ditta'tuːra]	Diktatur
il re [re]	König
la regina [re'dʒiːna]	Königin
il presidente [presi'dɛnte]	Präsident
il ministero [minis'tɛːro]	Ministerium
il primo ministro ['priːmo mi'niːstro]	Premierminister
il ministro [mi'niːstro]	Minister
lo stato ['staːto]	Staat
la nazione [nat'tsioːne]	Nation
il popolo ['pɔːpolo]	Volk
la politica [po'litika]	Politik
le elezioni *pl* [elet'tsioːni]	Wahlen
Il governo ha convocato le elezioni.	Die Regierung rief zu Wahlen auf.
votare [vo'taːre]	wählen, stimmen (für)
La maggioranza delle persone ha votato per un cambiamento.	Die meisten Menschen haben für einen Wechsel gestimmt.
la maggioranza [maddʒo'rantsa]	Mehrheit
il parlamento [parla'mento]	Parlament
il/la cittadino/a [tʃitta'diːno/a]	Bürger(in)
la società [sotʃe'ta]	Gesellschaft
la cittadinanza [tʃittadi'nantsa]	Staatsangehörigkeit
statale [sta'taːle]	staatlich
il paese [pa'eːze]	Land

il governo [go'vɛrno] — Regierung
Il governo si è dichiarato a favore di uno sgravio fiscale. — Die Regierung hat für Steuersenkungen plädiert.
governare [gover'na:re] — regieren

Hier einige der wichtigsten Behörden: *l'anagrafe* (Standesamt), *la questura* (Polizeipräsidium), *l'ufficio delle imposte dirette* (Finanzamt), *l'ufficio della motorizzazione civile* (Kraftfahrzeugzulassungsstelle).

il partito [par'ti:to] — Partei
l'opposizione *f* [oppozit'tsio:ne] — Opposition
la riforma [ri'forma] — Reform
L'opposizione ha richiesto una totale riforma del mercato del lavoro. — Die Opposition hat eine umfassende Arbeitsmarktreform verlangt.
le tasse *pl* ['tasse] — Steuern
il giorno di festa ['dʒorno di 'fɛsta] — Feiertag
Il 25 dicembre è un giorno di festa. — Der 25. Dezember ist ein Feiertag.
la frontiera [fron'tiɛ:ra] — Grenze
la città natale [tʃit'ta na'ta:le] — Heimat(stadt)
lo straniero [stra'niɛ:ro] — Ausländer
l'immigrazione *f* [immigrat'tsio:ne] — Einwanderung
il militare [mili'ta:re] — Militär
il soldato [sol'da:to] — Soldat
la guerra ['guɛrra] — Krieg
La guerra è finita! — Der Krieg ist zu Ende!
la pace ['pa:tʃe] — Frieden

2. Recht und Gesetz

la legge ['leddʒe] — Recht, Gesetz
Se infrangi la legge, vieni punito. — Wenn du das Gesetz brichst, wirst du bestraft.
la polizia [polit'tsi:a] — Polizei

> Mit *polizia* ist nicht nur die Institution der Polizei gemeint, sondern auch die Polizeiwache an sich. Für Polizistin sagt man *la poliziotta* und für Polizist *il poliziotto*.

arrestare [arres'taːre]	festnehmen
La polizia ha arrestato il ladro.	Die Polizei hat den Dieb festgenommen.
accusare [ak'kuzaːre]	anklagen
È stato accusato di violazione di domicilio.	Er ist des Hausfriedensbruchs angeklagt worden.
il tribunale [tribu'naːle]	Gericht
il processo [pro'tʃɛsso]	Prozess
la sentenza [sen'tɛntsa]	Urteil
la pena ['peːna]	Strafe
colpevole [kol'peːvole]	schuldig
La giuria lo ha giudicato colpevole.	Die Jury sprach ihn schuldig.
innocente [inno'tʃɛnte]	unschuldig
il/la testimone [testi'mɔːne]	Zeuge, Zeugin
il/la giudice ['dʒuːditʃe]	Richter(in)
l'avvocato [avvo'kaːto]	Rechtsanwalt
l'avvocatessa [avvoka'tessa]	Rechtsanwältin
la multa ['multa]	Strafzettel, Bußgeld
la sanzione [sant'tsioːne]	Sanktion, Geldstrafe
la prigione [prid'dʒoːne]	Gefängnis
È in prigione per bancarotta fraudolenta.	Er ist wegen betrügerischen Bankrotts im Gefängnis.
condannare [kondan'naːre]	verurteilen
È stato condannato all'ergastolo.	Er ist zu lebenslänglich verurteilt worden.
il reato [re'aːto]	Straftat
È stato condannato a tre anni di prigione per aver commesso un grave reato.	Er ist zu drei Jahren Gefängnis verurteilt worden, weil er eine schwere Straftat begangen hatte.
il/la criminale [krimi'naːle]	Kriminelle(r)
criminale [krimi'naːle]	kriminell
rubare [ru'baːre]	stehlen

l'aggressione *f* [aggres'sioːne]	Überfall
aggredire [aggre'diːre]	überfallen
il ladro ['laːdro]	Dieb
il furto ['furto]	Diebstahl
Il furto è un reato infamante.	Diebstahl ist kein Kavaliersdelikt.
l'assassino/a [assas'siːno/a]	Mörder(in)
l'omicidio [omi'tʃiːdio]	Mord
uccidere [ut'tʃiːdere]	töten, umbringen

3. Ämter und Behörden

l'ufficio pubblico [uf'fitʃo 'pubbliko]	Behörde, Amt
L'ufficio pubblico cerca urgentemente una segretaria part-time.	Das Amt sucht dringend eine Sekretärin in Teilzeit.

i Obwohl Italienisch die offizielle Amtssprache ist, leben in Italien unterschiedliche sprachliche Minderheiten, die eine große geschichtliche Bedeutung haben. Einige Beispiele: Im Trentino spricht man Deutsch und Ladinisch, im Friaul Slowenisch, im Aostatal Französisch, in Sizilien Albanisch, in Apulien und Kalabrien Griechisch, in Sardinien Sardisch (Sardisch ist kein Dialekt, sondern eine romanische Sprache). Die Minderheitensprachen stehen unter dem besonderen Schutz der italienischen Verfassung.

la burocrazia [burokrat'tsiːa]	Bürokratie
il timbro ['timbro]	Stempel
il modulo ['mɔːdulo]	Formular
la domanda [do'manda]	Antrag
la firma ['firma]	Unterschrift
La sua firma era illeggibile.	Seine Unterschrift war unleserlich.
firmare [fir'maːre]	unterschreiben
personalmente [personal'mente]	persönlich
comparire [kompa'riːre]	erscheinen
il documento [doku'mento]	Dokument
l'originale *m* [oridʒi'naːle]	Original

la copia ['kɔːpia]	Kopie
l'esemplare *m* [ezem'plaːre]	Exemplar
l'impiegato/a (statale) [impie'gaːto/a (sta'taːle)]	Beamter, Beamtin
responsabile [respon'saːbile]	zuständig, verantwortlich
L'impiegato non c'era.	Der Beamte war nicht da.
la carta d'identità ['karta d identi'ta]	Personalausweis
l'identità [identi'ta]	Identität
l'impronta digitale [im'pronta didʒi'taːle]	Fingerabdruck
rinnovare [rinno'vaːre]	erneuern, verlängern
scadere [ska'deːre]	ablaufen
la patente di guida [pa'tɛnte di 'guiːda]	Führerschein
il permesso di soggiorno [per'messo di sod'dʒorno]	Aufenthaltserlaubnis
il permesso di lavoro [per'messo di la'voːro]	Arbeitserlaubnis
Le autorità gli hanno concesso un permesso di lavoro illimitato.	Die Behörden haben ihm eine unbegrenzte Arbeitserlaubnis gewährt.

4. Länder und Kontinente

il continente [konti'nɛnte]	Kontinent
l'America [a'meːrika]	Amerika
il Nordamerica [norda'mɛːrika]	Nordamerika
gli Stati Uniti *pl* ['staːti u'niːti]	Vereinigte Staaten
il Sudamerica [suda'mɛːrika]	Südamerika
l'Africa ['aːfrika]	Afrika
l'Australia [au'straːlia]	Australien
la Nuova Zelanda [nu'ɔːva dze'landa]	Neuseeland
l'Asia ['aːzia]	Asien
l'Europa [eu'rɔːpa]	Europa
l'Argentina [ardʒen'tiːna]	Argentinien

il Brasile [bra'zi:le]	Brasilien
il Canada ['ka:nada]	Kanada
la Cina ['tʃi:na]	China
la Danimarca [dani'ma:rka]	Dänemark
la Germania [dʒer'ma:nia]	Deutschland
l'Inghilterra [ingil'tɛ:rra]	England
la Gran Bretagna ['gran bre'taɲɲa]	Großbritannien
la Francia ['frantʃa]	Frankreich
la Grecia ['grɛ:tʃa]	Griechenland
l'Olanda [o'landa]	Niederlande
l'Irlanda [ir'landa]	Irland
l'Italia [i'ta:lia]	Italien
l'India ['india]	Indien
il Giappone [dʒap'pone]	Japan
la Norvegia [nor'vɛ:dʒa]	Norwegen
la Polonia [po'lɔ:nia]	Polen
la Russia ['russia]	Russland
la Scozia ['skɔttsia]	Schottland
la Spagna ['spaɲɲa]	Spanien
la Svezia ['zvɛtsia]	Schweden
la Repubblica Ceca [re'pubblika 'tʃɛ:ka]	Tschechien
la Turchia [tur'ki:a]	Türkei
l'Ungheria [uŋge'ri:a]	Ungarn

5. Sprachen und Nationalitäten

il/la tedesco/a, tedesco/a [te'desko/a]	Deutsche(r), deutsch
l'inglese *m, f*, inglese [iŋ'gle:se]	Engländer(in), englisch
britannico/a [bri'tanniko/a]	britisch
il/la francese, francese [fran'tʃe:se]	Franzose/Französin, französisch
l'italiano/a, italiano/a [ita'lia:no/a]	Italiener(in), italienisch
lo/la spagnolo/a, spagnolo/a [spaɲ'ɲɔ:lo/a]	Spanier(in), spanisch

Religion und Kirche

la nazionalità [natsionali'ta]	Nationalität
la religione [reli'dʒoːne]	Religion
la chiesa ['kiɛːza]	Kirche
la fede ['feːde]	Glaube
Ha molta fede.	Er hat einen starken Glauben.
credere ['kreːdere]	glauben
Credo in Dio.	Ich glaube an Gott.
la messa ['messa]	Gottesdienst
il sacerdote [satʃer'dɔːte]	Pfarrer, Geistlicher
la sacerdotessa [satʃerdoː'tessa]	Pfarrerin, Geistliche
pregare [pre'gaːre]	beten
la preghiera [pre'giɛːra]	Gebet
Spero che le sue preghiere siano ascoltate.	Ich hoffe, seine Gebete werden erhört.
la croce ['krotʃe]	Kreuz
il peccato [pek'kaːto]	Sünde
Il fratricidio è un peccato mortale.	Brudermord ist eine Todsünde.
la penitenza [peni'tɛntsa]	Buße
il crocifisso [crotʃi'fisso]	Kruzifix
Dio ['diːo]	Gott
il Natale [na'taːle]	Weihnachten
la Pasqua ['paskua]	Ostern
la Pentecoste [pente'kɔːste]	Pfingsten

i Die Mehrheit der Italiener ist katholisch. Die katholische Religion ist in Italien traditionsgemäß besonders wichtig; auch der Vatikanstaat hat seinen Sitz in Rom. Seit jeher hatte der religiöse Einfluss ein entscheidendes Gewicht auf die Geschichte Italiens nicht nur auf sozialer, sondern auch auf kultureller Ebene. Große Künstler wie Michelangelo, Caravaggio, Bernini, u.a. erschufen im Auftrag der Kirche wertvolle Kunstwerke, die bis zum heutigen Tage Bewunderung in aller Welt erregen. Berühmte architektonische Meisterwerke, die im Zusammenhang mit dem Christentum erbaut wurden, sind zum Beispiel der Petersdom (eine der größten Kirchen auf der ganzen Welt) und die Sixtinische Kapelle in Rom, die Kathedrale in Monreale (Sizilien) und der Mailänder Dom.

Zeit und Jahreszeit

1. Zeiteinteilung

il tempo [ˈtɛmpo]	Zeit
il periodo [peˈriːodo]	Zeitraum
In questo periodo siamo normalmente al completo.	In diesem Zeitraum sind wir normalerweise ausgebucht.
l'istante *m* [isˈtante]	Augenblick
il millennio [milˈlɛnnio]	Jahrtausend
il secolo [ˈsɛːkolo]	Jahrhundert
il decennio [deˈtʃɛnnio]	Jahrzehnt
l'anno [ˈanno]	Jahr
il mese [ˈmeːse]	Monat
la settimana [settiˈmaːna]	Woche
il giorno [ˈdʒorno]	Tag
quotidianamente [kuotidianaˈmente]	täglich
l'ora [ˈoːra]	Stunde
il minuto [miˈnuːto]	Minute
il secondo [seˈkondo]	Sekunde
l'orario [oˈraːrio]	Zeit; Fahrplan

2. Jahreszeiten

la stagione [staˈdʒoːne]	Jahreszeit
la primavera [primaˈvɛːra]	Frühling
l'estate *f* [esˈtaːte]	Sommer
l'autunno [auˈtunno]	Herbst
l'inverno [inˈvɛrno]	Winter

3. Monate

gennaio [dʒenˈnaːio]	Januar
febbraio [febˈbraːio]	Februar

marzo ['martso]	März
aprile [a'pri:le]	April
maggio ['maddʒo]	Mai
giugno ['dʒuɲɲo]	Juni
luglio ['luʎʎo]	Juli
agosto [a'gosto]	August
settembre [set'tɛmbre]	September
ottobre [ot'to:bre]	Oktober
novembre [no'vɛmbre]	November
dicembre [di'tʃɛmbre]	Dezember

In Verbindung mit den Monaten verwendet man die Präpositionen *in* oder *a*. Bei den Wochentagen gebraucht man hingegen keine Präposition.
A giugno vado a Roma. Im Juni fahre ich nach Rom.
In agosto fa troppo caldo. Im August ist es zu heiß.
Lunedì ricomincia la scuola. Am Montag fängt die Schule wieder an.

4. Wochentage

il lunedì [lune'di]	Montag
il martedì [marte'di]	Dienstag
il mercoledì [merkole'di]	Mittwoch
il giovedì [dʒove'di]	Donnerstag
il venerdì [vener'di]	Freitag
il sabato ['sa:bato]	Samstag
la domenica [do'me:nika]	Sonntag

5. Datum, Tageszeit und Uhrzeit

la data ['da:ta]	Datum

Bei (ausgeschriebenen) Datumsangaben stehen Grundzahlen statt Ordnungszahlen.
Napoleone è morto il cinque (di) maggio. Napoleon ist am 5. Mai gestorben.
Il 14 giugno vado a Roma. Am 14. Juni fahre ich nach Rom.

Che ore sono? [ke ˈoːre ˈsoːno]	Wie spät ist es?
Sono le … [ˈsoːno le]	Es ist … Uhr.

Für die Uhrzeit verwendet man immer den Plural, außer bei ein Uhr, Mittag und Mitternacht:
Sono le due. Es ist zwei Uhr.
Sono le tre e mezza (mezzo). Es ist halb vier.
Aber:
È l'una. Es ist ein Uhr.
È mezzogiorno. Es ist Mittag.
È mezzanotte. Es ist Mitternacht.

la mattina [matˈtiːna]	Morgen
mezzogiorno [mɛddzoˈdʒorno]	Mittag, 12 Uhr
il pomeriggio [pomeˈriddʒo]	Nachmittag
la sera [ˈseːra]	Abend
la notte [ˈnɔtte]	Nacht
mezzanotte [meddzaˈnɔtte]	Mitternacht, 24 Uhr
l'ora [ˈoːra]	Uhr
Che ora è?	Wie spät ist es? Wie viel Uhr ist es?
alle/all' [alle/all]	um
meno [ˈmeːno]	vor
Sono le tre meno un quarto.	Es ist Viertel vor drei.
e [e]	nach
un quarto [ˈkuarto]	ein Viertel
l'una di notte [ˈuːna di ˈnɔtte]	ein Uhr nachts
le due del pomeriggio [ˈduːe del pomeˈriddʒo]	14 Uhr nachmittags
le due e mezza/o [ˈduːe e ˈmɛddza/o]	halb drei
le sette e un quarto [ˈsette e un ˈkuarto]	Viertel nach sieben
le otto meno un quarto [ˈɔtto ˈmeːno un ˈkuarto]	Viertel vor acht
le otto e venticinque [ˈɔtto e ventiˈtʃinkue]	acht Uhr fünfundzwanzig

6. Weitere zeitliche Begriffe

presto ['prɛsto]	früh, bald
tardi ['tardi]	spät
Arriva sempre troppo tardi.	Sie kommt immer zu spät.
ritardato/a [ritar'da:to/a]	verspätet
Il volo è stato ritardato a causa di problemi tecnici.	Der Flug ist aufgrund technischer Probleme verspätet gewesen.
puntuale [puntu'a:le]	pünktlich, rechtzeitig
Siamo arrivati puntuali all'aeroporto.	Wir kamen rechtzeitig am Flughafen an.
in punto [in 'punto]	genau um, punkt
Sarò lì alle otto in punto.	Ich werde Punkt acht dort sein.
al più tardi alle otto [al 'piu 'tardi 'alle 'ɔtto]	spätestens um acht Uhr
Vorrei che fossi a casa al più tardi alle otto.	Ich möchte, dass du spätestens um acht Uhr zu Hause bist.
in anticipo [in an'ti:tʃipo]	frühzeitig
verso ['vɛrso]	ungefähr, gegen
Sarò a casa verso le 17.	Ich werde gegen 17 Uhr zu Hause sein.
finalmente [final'mente]	endlich
alla fine ['alla 'fi:ne]	schließlich, am Ende
Alla fine si è sforzato di chiamare.	Er hat sich am Ende dazu aufgerafft anzurufen.
prima ['pri:ma]	vor, vorher
dopo ['do:po]	anschließend, hinterher, nachher
durante [du'rante]	während
quando [ku'a:ndo]	als, wann, wenn
Quando ci vediamo?	Wann sehen wir uns?
sempre ['sɛmpre]	immer
mai ['ma:i]	nie
Non mi piacciono gli spinaci. Non li mangio mai.	Ich mag keinen Spinat. Ich esse ihn nie.
spesso ['spesso]	oft, häufig
Andiamo spesso in questo club.	Wir gehen oft in diesen Club.
raramente [rara'mente]	selten
Lo vedo raramente.	Ich sehe ihn selten.
nel/nell' [nel]	im

l'anno ['anno]	Jahr
ora ['o:ra]	jetzt
più tardi ['piu 'tardi]	später
oggi ['ɔddʒi]	heute
domani [do'ma:ni]	morgen
Domani vado a Roma.	Ich fahre morgen nach Rom.
dopodomani [dopodo'ma:ni]	übermorgen
ieri ['iɛ:ri]	gestern
l'altro ieri [altro 'iɛ:ri]	vorgestern
la settimana scorsa [setti'ma:na 'scorsa]	letzte Woche
poco tempo fa ['pɔ:ko 'tɛmpo fa]	kürzlich, vor kurzem
Sono stato dal medico poco tempo fa.	Ich bin vor kurzem beim Arzt gewesen.
adesso [a'dɛsso]	gerade, soeben
È tornato a casa adesso.	Er ist gerade nach Hause gekommen.
tempo fa ['tɛmpo fa]	vor einiger Zeit
tanto tempo fa ['tanto 'tɛmpo fa]	vor langer Zeit
(l') ex *m, f, fam* [ex]	ehemalig, frühere, Ex
L'ex primo ministro ha tenuto un discorso.	Der ehemalige Premierminister hielt eine Rede.
il passato [pas'sa:to]	Vergangenheit
il presente [pre'zɛnte]	Gegenwart
il futuro [fu'tu:ro]	Zukunft
Non abbiamo un futuro insieme!	Wir haben zusammen keine Zukunft!
il momento [mo'mento]	Moment, Augenblick

i Achtung! Moment mal heißt auf Italienisch *un momento* (nicht *uno momento* wie man oft falsch hört!).

già [dʒa]	schon, bereits
contemporaneamente [kontemporanea'mente]	gleichzeitig
per prima cosa [per 'pri:ma 'kɔ:sa]	zuerst, als Erstes
per ultimo [per 'ultimo]	zuletzt, als Letzte(r,s)
Alla gara di nuoto è arrivato per ultimo.	Beim Schwimmwettbewerb ist er als Letzter angekommen.

Farben und Formen

il colore [ko'lo:re]	Farbe
nero/a ['ne:ro/a]	schwarz
bianco/a ['biaŋko/a]	weiß
rosso/a ['rosso/a]	rot
verde ['verde]	grün
blu [blu]	blau
giallo/a [dʒallo/a]	gelb
marrone [mar'ro:ne]	braun
arancione [aran'tʃo:ne]	orange
rosa ['rɔ:za]	rosa
viola [vi'ɔ:la]	lila
grigio/a ['gri:dʒo/a]	grau
scuro/a [sku:ro/a]	dunkel
chiaro/a ['kia:ro/a]	hell
la forma ['forma]	Form
quadrato/a [kua'dra:to/a]	quadratisch, eckig
rettangolare [rettaŋgo'la:re]	rechteckig
rotondo/a [ro'tondo/a]	rund
ovale [o'va:le]	oval
Preferirei un tavolo da pranzo rettangolare piuttosto che ovale.	Ich hätte lieber einen rechteckigen als einen ovalen Esstisch.
storto/a ['stɔrto/a]	schief
La libreria sembra storta.	Das Buchregal sieht sehr schief aus.
diagonale [diago'na:le]	diagonal
regolare [rego'la:re]	gleichmäßig, ebenmäßig
La superficie del tavolo era regolare.	Die Tischoberfläche war ebenmäßig.
il cerchio ['tʃerkio]	Kreis
la linea ['li:nea]	Linie
il vertice ['vɛrtitʃe]	Spitze
acuto/a [a'ku:to/a]	spitz
l'angolo ['aŋgolo]	Winkel, Ecke
lo spigolo ['spi:golo]	Kante
Questa cassa ha gli spigoli molto appuntiti.	Diese Kiste hat sehr scharfe Kanten.
l'arco ['a:rko]	Bogen

Maße, Mengen und Zahlen

1. Maße und Gewichte

il peso ['pe:so]	Gewicht
la tonnellata [tonnel'la:ta]	Tonne
il chilogrammo [kilo'grammo]	Kilogramm
la libbra ['libbra]	Pfund

Das Maß Pfund wird im Italienischen nicht verwendet. Man sagt anstatt dessen: halbes Kilo *mezzo chilo*.

il grammo ['grammo]	Gramm
l'etto ['ɛtto]	hundert Gramm
la misura [mi'zu:ra]	Maß
il litro ['li:tro]	Liter
il mezzo litro ['mɛddzo 'li:tro]	ein halber Liter
Beviamoci mezzo litro di birra!	Lass uns eine Halbe trinken! *fam*
il chilometro [ki'lɔ:metro]	Kilometer
il metro ['mɛ:tro]	Meter
il centimetro [tʃen'ti:metro]	Zentimeter
il millimetro [mil'li:metro]	Millimeter
il miglio ['miʎʎo]	Meile
la iarda ['ia:rda]	Yard
il pollice ['pɔllitʃe]	Zoll
il piede ['piɛ:de]	Fuß

2. Mengen

la quantità [kuanti'ta]	Menge, Summe
una dozzina [dod'dzi:na]	ein Dutzend
un pugno ['puɲɲo]	eine Handvoll
Aggiungete un pugno di prezzemolo alla zuppa.	Geben Sie eine Handvoll Petersilie zur Suppe.
doppio/a ['doppio/a]	doppelt

il doppio ['doppio]	das Doppelte, doppelt so viel
Quest'anno le ciliegie costano il doppio dell'anno scorso.	Dieses Jahr kosten die Kirschen doppelt so viel wie letztes Jahr.
un paio ['pa:io]	ein Paar
molto/a ['molto/a]	viel
Abbiamo ancora molto tempo per finire l'esercizio.	Wir haben noch ganz viel Zeit, um die Übung fertig zu machen.
tutto/a ['tutto/a]	ganz(e)
la parte ['parte]	Teil
dividere [di'vi:dere]	teilen, einteilen, aufteilen

> Mathematische Rechnungen werden wie folgt gelesen:
> 3 · 4 = 12 *(tre per quattro uguale dodici)*
> 12 : 4 = 3 *(dodici diviso quattro uguale tre)*

il pezzo ['pɛttso]	Stück
la metà [me'ta]	Hälfte
mezzo/a ['mɛddzo/a]	halb
la fetta ['fetta]	Scheibe
Mi dai una fetta di pane?	Gibst du mir eine Scheibe Brot?
singolo/a ['siŋgolo/a]	Einzel-, einzeln
il resto ['rɛsto]	Rest
alcuni/e *pl* [al'ku:ni/e]	einige

> *Alcuni/e* steht immer im Plural, während mit dem Wort *qualche* der Singular folgt, aber Plural gemeint ist.
> *Alcuni bambini non sono andati a scuola oggi./Qualche bambino non è andato a scuola oggi.* Einige Kinder sind heute nicht zur Schule gegangen.

poco/a ['pɔ:ko/a]	wenig(e)
Avevano solo pochi amici.	Sie hatten nur wenige Freunde.
un poco [un 'pɔ:ko]	ein bisschen
il massimo ['massimo]	Maximum
il minimo ['mi:nimo]	Minimum

3. Zahlen

il numero ['nu:mero]	Zahl, Nummer
Calcola tutti i numeri di questa fila, per favore.	Bitte rechne alle Zahlen in dieser Reihe zusammen.
la cifra ['tʃi:fra]	Zahl
Le cifre non sembrano buone.	Die Zahlen sehen nicht gut aus.
contare [kon'ta:re]	zählen
calcolare [kalko'la:re]	rechnen
addizionare [additsio'na:re]	addieren, zusammenzählen
sottrarre [sot'trarre]	subtrahieren, abziehen
moltiplicare [moltipli'ka:re]	multiplizieren, malnehmen
Ha moltiplicato per dodici la rata mensile.	Sie hatte die monatliche Rate mal zwölf multipliziert.
dividere [di'vi:dere]	dividieren, teilen
meno ['me:no]	minus
più ['piu]	plus
il per cento [per 'tʃɛnto]	Prozent
la somma ['somma]	Summe, Betrag
l'importo totale [im'pɔrto to'ta:le]	Gesamtbetrag
ammontare [ammon'ta:re]	betragen, sich belaufen auf
L'importo totale ammonta a 100 euro.	Der Gesamtbetrag beläuft sich auf 100 Euro.

4. Grundzahlen

zero ['dzɛ:ro]	null
uno ['u:no]	eins
due ['du:e]	zwei
tre [tre]	drei
quattro ['kuattro]	vier
cinque ['tʃiŋkue]	fünf
sei ['sɛ:i]	sechs
sette ['sɛtte]	sieben
otto ['ɔtto]	acht
nove ['nɔ:ve]	neun

dieci ['diɛːtʃi]	zehn
undici ['unditʃi]	elf
dodici ['doːditʃi]	zwölf
tredici ['treːditʃi]	dreizehn
quattordici [kuat'torditʃi]	vierzehn
quindici ['kuinditʃi]	fünfzehn
sedici ['seːditʃi]	sechzehn
diciassette [ditʃas'sɛtte]	siebzehn
diciotto [di'tʃɔtto]	achtzehn
diciannove [ditʃan'nɔːve]	neunzehn
venti ['venti]	zwanzig

Folgt bei den Zahlen von 20 bis 90 *uno* oder *otto*, entfällt der Endvokal der vorangehenden Zahl *(vent**uno**, vent**otto**, quarant**uno**,...)*. Ab *cento* bleibt der Endvokal jedoch erhalten *(cent**ouno**, cent**ootto**)*.

trenta ['trenta]	dreißig
quaranta [kua'ranta]	vierzig
cinquanta [tʃiŋ'kuanta]	fünfzig
sessanta [ses'santa]	sechzig
settanta [set'tanta]	siebzig
ottanta [ot'tanta]	achtzig
novanta [no'vanta]	neunzig
cento ['tʃɛnto]	hundert
mille ['mille]	tausend

Die Zahlen eintausendeins, eintausendzwei, eintausenddrei... können entweder zusammen oder mit der Konjunktion *e* geschrieben werden:
Milleuno, milledue, milletre...
Oder: *mille e uno, mille e due, mille e tre*

diecimila [diɛtʃi'miːla]	zehntausend
centomila [tʃɛnto'miːla]	hunderttausend
il milione [mi'lioːne]	Million
il miliardo [mi'liardo]	Milliarde
Nella nostra galassia ci sono più di quattrocento miliardi di stelle.	In unserer Galaxie gibt es mehr als 400 Milliarden Sterne.

Die Jahrhunderte vom 13. bis zum 20. Jahrhundert werden im Italienischen durch einfache Grundzahlen (nicht wie im Deutschen durch Ordnungszahlen) angegeben:

il Duecento	13. Jahrhundert
il Trecento	14. Jahrhundert
il Quattrocento	15. Jahrhundert
il Novecento	20. Jahrhundert

5. Ordnungszahlen

primo/a ['pri:mo/a]	erste(r)
secondo/a [se'kondo/a]	zweite(r)
terzo/a ['tɛrtso/a]	dritte(r)
quarto/a ['kuarto/a]	vierte(r)
quinto/a ['kuinto/a]	fünfte(r)
sesto/a ['sɛsto/a]	sechste(r)
settimo/a ['sɛttimo/a]	siebte(r)
ottavo/a [ot'ta:vo/a]	achte(r)
nono/a ['nɔ:no/a]	neunte(r)
decimo/a ['dɛ:tʃimo/a]	zehnte(r)
undicesimo/a [undi'tʃɛ:zimo/a]	elfte(r)
dodicesimo/a [dodi'tʃɛ:zimo/a]	zwölfte(r)
tredicesimo/a [tredi'tʃɛ:zimo/a]	dreizehnte(r)
quattordicesimo/a [kuattordi'tʃɛ:zimo/a]	vierzehnte(r)
quindicesimo/a [kuindi'tʃɛ:zimo/a]	fünfzehnte(r)
sedicesimo/a [sedi'tʃɛ:zimo/a]	sechzehnte(r)
diciassettesimo/a [ditʃasset'tɛ:zimo/a]	siebzehnte(r)
diciottesimo/a [ditʃot'tɛ:zimo/a]	achtzehnte(r)
diciannovesimo/a [ditʃanno'vɛ:zimo/a]	neunzehnte(r)
ventesimo/a [ven'tɛ:zimo/a]	zwanzigste(r)
ventunesimo/a [ventu'nɛ:zimo/a]	einundzwanzigste(r)
ventiduesimo/a [ventidu'ɛ:zimo/a]	zweiundzwanzigste(r)

Raum, Ort und Richtung

lo spazio ['spatsio]	Raum, Platz
Non c'è abbastanza spazio per tutte queste persone.	Es gibt nicht genügend Platz für so viele Leute.
la direzione [diret'tsio:ne]	Richtung
il posto ['posto]	Ort, Platz, Stelle
qui [kui]	hier
Sono già stata qui un po' di giorni fa.	Ich war schon vor ein paar Tagen hier.
lì [li]	da, dort
sopra ['so:pra]	oben, oberhalb, über, darüber
Quando arrivi sopra, facci un segno con la mano.	Wenn du oben bist, wink uns zu.
La famiglia Lombardo abita di sopra.	Die Familie Lombardo wohnt oben.
L'agenzia di viaggi non si trova nello stesso piano del negozio di scarpe, è un piano sopra.	Das Reisebüro befindet sich nicht im gleichen Stockwerk wie das Schuhgeschäft, es ist ein Stockwerk darüber.
sotto ['sotto]	unten, unter
Ci vediamo domani sotto il ponte.	Wir sehen uns morgen unter der Brücke.
(in) su [(in) su]	nach oben, aufwärts
(in) giù [(in) dʒu]	nach unten, abwärts
(in) avanti [(in) a'vanti]	vorwärts
Si muovevano in avanti con grande fatica.	Sie bewegten sich mit großer Mühe vorwärts.
indietro [in'diɛ:tro]	rückwärts
su [su]	über
Le auto andavano sul ponte.	Die Autos fuhren über die Brücke.
lontano/a [lon'ta:no/a]	(weit) entfernt
la distanza [di'stantsa]	Distanz, Entfernung
La distanza tra me e te è grande.	Die Entfernung zwischen uns beiden ist groß.
vicino/a [vi'tʃi:no/a]	nahe
Il panificio più vicino è nei dintorni.	Die nächste Bäckerei ist ganz in der Nähe.
tra [tra]	zwischen, unter, inmitten
La mia borsa si è incastrata tra le due porte.	Meine Tasche ist zwischen den Türen eingeklemmt.
Tra tutti gli edifici a piani alti la chiesa si vedeva appena.	Zwischen all diesen Hochhäusern war die Kirche kaum zu sehen.

Einige Präpositionen werden, wie im Deutschen, sowohl örtlich als auch zeitlich gebraucht:
La banca è tra la scuola e la biblioteca. Die Bank ist zwischen der Schule und der Bibliothek.
Tra una settimana arriva Franco. In einer Woche kommt Franco.
In casa non c'è nessuno. Es ist niemand zu Hause.
Devo leggere questi libri in un mese. Ich muss diese Bücher in einem Monat lesen.
Il treno parte da Roma. Der Zug fährt von Rom ab.
Non fuma più da due anni. Er raucht seit zwei Jahren nicht mehr.

il mezzo ['mɛddzo]	Mitte
dietro ['diɛːtro]	hinter, dahinter, hinten
Il panificio è proprio dietro l'angolo.	Die Bäckerei ist gleich hinter dieser Ecke.
davanti (a) [da'vanti (a)]	vor, vorne
Quando arrivi davanti al negozio di telefoni, gira a sinistra.	Wenn du vor dem Telefonladen ankommst, geh nach links.
Due uomini davanti alla fila hanno cominciato a litigare con la cassiera.	Vorne in der Schlange begannen zwei Männer mit der Kassiererin zu streiten.
laterale [late'raːle]	seitlich
contiguo/a [kon'tiːguo/a]	angrenzend
Il terreno contiguo appartiene alla comunità.	Das angrenzende Grundstück gehört der Gemeinde.
contro ['kontro]	gegen
Il poliziotto ha spinto il ladro contro il muro.	Der Polizist hat den Dieb an die Wand gedrückt.
La macchina è andata contro un albero.	Das Auto ist gegen einen Baum gefahren.
di fronte [di 'fronte]	entgegengesetzt, gegenüber
Entrambi i candidati sedevano l'uno di fronte all'altro.	Die beiden Kandidaten saßen sich gegenüber.
ovunque [o'vunkue]	überall
da nessuna parte [da nes'suːna 'parte]	nirgendwo
da qualche parte [da 'kualke 'parte]	irgendwo
in [in]	in

a [a]	zu
su [su]	auf
la superficie [super'fi:tʃe]	Fläche, Gebiet, Oberfläche
fuori [fu'ɔ:ri]	außen, draußen
dentro ['dentro]	innen, drinnen
a sinistra di [a si'nistra di]	links von
a destra di [a 'dɛstra di]	rechts von
accanto (a) [ak'kanto (a)]	neben
La signora accanto a Mario è la mia vicina.	Die Dame, die neben Mario steht, ist meine Nachbarin.
la profondità [profondi'ta]	Tiefe
Il Mare Adriatico ha una profondità massima di 1.230 m.	Das adriatische Meer hat eine maximale Tiefe von 1.230 m.
l'altezza [al'tettsa]	Höhe
L'acqua arriva all'altezza del ginocchio.	Das Wasser ist nur knietief.
la larghezza [lar'gettsa]	Breite
la lunghezza [luŋ'gettsa]	Länge
Abbiamo misurato la lunghezza del tavolo per vedere se entra nella sala da pranzo.	Wir haben die Länge des Tisches ausgemessen, um zu sehen, ob er in das Esszimmer passt.
profondo/a [pro'fondo/a]	tief
alto/a ['alto/a]	hoch
La stanza dell'appartamento è alta due metri e mezzo.	Das Zimmer der Wohnung ist 2,50 Meter hoch.
largo/a ['largo/a]	breit, weit
lungo/a ['luŋgo/a]	lang
basso/a ['basso/a]	niedrig

> **i** Im Zusammenhang mit der Statur verwendet man die Adjektive *alto/a* und *basso/a*.
> *Mario è alto 1,80 m.* Mario ist 1,80 m groß.
> *Silviana è molto bassa; è alta solo 1,45 m.* Silvana ist sehr klein; sie ist nur 1,45 m groß.

piatto/a ['piatto/a]	platt, eben
stretto/a ['stretto/a]	eng, schmal

Weitere Adjektive und Adverbien

grande ['grande]	groß
piccolo/a ['pikkolo/a]	klein

> ℹ Für das Alter der Personen sagt man besser *maggiore* (groß) und *minore* (klein).

poco/a ['pɔ:ko/a]	wenig, kaum
Ha poca esperienza nella vendita.	Er hat wenig/kaum Erfahrung im Vertrieb.
nuovo/a ['nuɔ:vo/a]	neu
vecchio/a ['vɛkkio/a]	alt
utile ['u:tile]	nützlich
inutile [in'u:tile]	nutzlos
usato/a [u'za:to/a]	gebraucht
silenzioso/a [silen'tsio:so/a]	still, leise
Oggi i bambini sono silenziosi.	Die Kinder sind heute leise.
tranquillo/a [tran'kuillo/a]	ruhig
calmarsi [kal'ma:rsi]	sich beruhigen
Stai calmo, esiste una soluzione al problema.	Beruhige dich, es gibt eine Lösung für das Problem.
alto/a ['alto/a]	laut
Parla a voce alta, per favore.	Sprech bitte laut.
stanco/a ['stanko/a]	müde
sveglio/a ['zveʎʎo/a]	wach
Sono stato sveglio tutta la notte.	Ich habe die ganze Nacht wach gelegen.
corto/a ['korto/a]	kurz
grasso/a ['grasso/a]	dick, dicht
pieno/a ['piɛ:no/a]	voll
vuoto/a ['vuɔ:to/a]	leer
pesante [pe'sante]	schwer
leggero/a [led'dʒɛ:ro/a]	leicht
Di sera mangio sempre un pasto leggero.	Abends esse ich immer eine leichte Mahlzeit.
difficile [dif'fi:tʃile]	schwierig
facile ['fa:tʃile]	leicht
Questo esercizio è molto facile.	Diese Übung ist sehr leicht.

forte ['fɔrte]	stark
debole ['de:bole]	schwach
affilato/a [affi'la:to/a]	scharf
Il coltello aveva una punta molto affilata.	Das Messer hatte eine sehr scharfe Klinge.
mite ['mi:te]	mild
aperto/a [a'pεrto/a]	offen, auf
chiuso/a ['kiu:so/a]	zu, geschlossen
veloce [ve'lo:tʃe]	schnell
Mario è molto veloce.	Mario ist sehr schnell.

i In der Regel enden die Adverbien in der italienischen Sprache mit dem Suffix *–mente* und bleiben immer unverändert. Adjektive hingegen richten sich im Genus und Numerus nach dem zugehörigen Substantiv und sind damit veränderlich.
Giulio corre velocemente. Giulio rennt schnell.
Giulio e Mario sono due ragazzi veloci.
Giulio und Mario sind zwei schnelle Jungen.

lento/a [lεnto/a]	langsam
necessario/a [netʃes'sa:rio/a]	nötig, notwendig
acceso/a [at'tʃe:zo/a]	an
La luce è accesa.	Das Licht ist an.
spento/a ['spento/a]	aus
Per favore, spegni la luce.	Mach bitte das Licht aus.
rotto/a ['rotto/a]	kaputt
piacevole [pia'tʃe:vole]	angenehm
spiacevole [spia'tʃe:vole]	unangenehm
Mario era molto arrabbiato e la conversazione era piuttosto spiacevole.	Mario war sehr verärgert und das Gespräch war ziemlich unangenehm.
libero/a ['li:bero/a]	frei
gratuito/a [gra'tu:ito/a]	kostenlos, gratis
vero/a ['vero/a]	wahr
autentico/a [au'tεntico/a]	echt
Questa è pelle autentica.	Das ist echtes Leder.

falso/a ['falso/a]	unecht
Questi brillanti sono falsi.	Diese Brillanten sind nicht echt.
asciutto/a [aʃ'ʃutto/a]	trocken
bagnato/a [baɲ'ɲa:to/a]	nass
ruvido/a ['ru:vido/a]	rau
Ha la pelle ruvida.	Er hat eine raue Haut.
liscio/a ['liʃʃo/a]	glatt
La stoffa è difficile da cucire perché è così liscia.	Der Stoff ist schwierig zu nähen, weil er so glatt ist.
È andato tutto liscio. *fig*	Alles verlief glatt.
pericoloso/a [periko'lo:zo/a]	gefährlich
caro/a ['ka:ro/a]	lieb
Silvia è una mia cara amica.	Silvia ist eine gute Freundin von mir.

Achtung! Das Adjektiv *caro/a* bedeutet sowohl lieb als auch teuer!

diverso/a [di'vɛrso/a]	verschieden, unterschiedlich
Abbiamo diversi tipi di formaggio a disposizione.	Wir haben verschiedene Käsesorten zur Auswahl.
uguale [u'gua:le]	gleich
La tua borsa è uguale alla mia.	Deine Tasche ist die gleiche wie meine.
ugualmente [ugual'mente]	gleich
Il denaro è stato ugualmente distribuito tra tutti i membri della famiglia.	Das Geld ist unter allen Familienmitgliedern gleich verteilt worden.
diretto/a [di'rɛtto/a]	direkt
dritto/a ['dritto/a]	gerade
presente [pre'zɛnte]	anwesend
assente [as'sɛnte]	abwesend
attivo/a [at'ti:vo/a]	aktiv
passivo/a [pas'si:vo/a]	passiv
attuale [attu'a:le]	aktuell
La situazione attuale non lascia ulteriori dubbi.	Die aktuelle Situation erlaubt kein weiteres Zögern.
davvero [dav've:ro]	wirklich
È un uomo davvero gentile.	Er ist wirklich ein sehr netter Mensch.

spaventoso/a [spaven'to:so/a]	schrecklich, erschreckend
generale [dʒene'ra:le]	allgemein
specialmente [spetʃal'mente]	besonders
preferito/a [prefe'ri:to/a]	Lieblings-, bevorzugt
di nuovo [di 'nuɔ:vo]	wieder
quasi ['kua:zi]	beinahe
anche ['aŋke]	auch
insieme [in'siɛ:me]	zusammen
per lo più [per lo piu]	meistens
La musica piace per lo più a tutti.	Die Musik gefällt mehr oder weniger allen.
appena [ap'pe:na]	kaum
Mi piace appena.	Es gefällt mir kaum.
usuale [uzu'a:le]	üblich
comune [ko'mu:ne]	gemeinsam
Avevano tanto in comune.	Sie hatten eine Menge gemeinsam.
regolare [rego'la:re]	regelmäßig
irregolare [irrego'la:re]	unregelmäßig
normale [nor'ma:le]	normal
inusuale [inu'zua:le]	ungewöhnlich
straordinario/a [straordi'na:rio/a]	außergewöhnlich
È straordinariamente furba.	Sie ist außergewöhnlich clever.
completamente [kompleta'mente]	völlig, vollständig
eccellente [ettʃel'lɛnte]	ausgezeichnet
magnifico/a [maɲ'ɲi:fiko/a]	großartig
meraviglioso/a [meraviʎ'ʎo:zo/a]	wunderbar
Mario mi ha aiutato molto. È davvero una persona meravigliosa.	Mario hat mir sehr geholfen. Er ist wirklich eine wunderbare Person.
impossibile [impos'si:bile]	unmöglich
possibile [pos'si:bile]	möglich
invece (di) [in've:tʃe (di)]	statt, stattdessen
Invece di andare a scuola è andato al cinema.	Statt in die Schule zu gehen, ist er ins Kino gegangen.

i Statt *invece di* kann man auch *al posto di* sagen:
Invece di/Al posto di andare al cinema, sono andata a teatro. Statt ins Kino zu gehen, bin ich ins Theater gegangen.

esatto/a [e'zatto/a]	genau, gerade
simile (a) ['si:mile (a)]	wie, ähnlich, gleich
La tua maglietta è simile alla mia.	Dein T-Shirt ist ähnlich wie meines.
lento/a ['lɛnto/a]	locker, lose
Questa camicia è lenta.	Dieses Hemd ist locker.
solido/a ['sɔ:lido/a]	fest, solide, massiv
La casa aveva pareti solide.	Das Haus hatte massive Wände.
più ['piu]	mehr
meno ['me:no]	weniger
principalmente [printʃipal'mente]	hauptsächlich
evidentemente [evidente'mente]	offensichtlich
soltanto [sol'tanto]	nur, einzig
altrimenti [altri'menti]	sonst
tranne ['tranne]	außer
Tutti sono venuti all'incontro tranne Mario che quel giorno era malato.	Alle kamen zum Meeting außer Mario, der an dem Tag krank war.
incluso/a [in'klu:zo/a]	inklusive
forse ['forse]	vielleicht

i Im Sinne von *forse* kann man auch *magari* benutzen:
Forse/Magari verrò domani. Vielleicht werde ich morgen kommen.

sicuro/a [si'ku:ro/a]	sicher, gewiss
Voleva essere sicuro che nessuno sarebbe entrato.	Er wollte sichergehen, dass niemand hereinkommen würde.
certamente [tʃerta'mente]	sicher, gewiss, zuverlässig
Certamente è una bella donna.	Sie ist sicherlich eine schöne Frau.
probabilmente [probabil'mente]	wahrscheinlich
semplicemente [semplitʃe'mente]	einfach
Questa frase è semplicemente sbagliata.	Dieser Satz ist einfach falsch.
piuttosto [piut'tɔsto]	ziemlich
Questo compito è piuttosto difficile.	Diese Aufgabe ist ziemlich schwierig.
È piuttosto freddo fuori.	Es ist ziemlich kalt draußen.
già [dʒa]	schon
Il treno è già arrivato.	Der Zug ist schon angekommen.

serio/a [ˈsɛːrio/a]	ernst
Il nostro rapporto è una cosa seria per me.	Unsere Beziehung ist für mich eine ernste Sache.
seriamente [seriaˈmente]	ernsthaft
immediatamente [immediataˈmente]	unmittelbar, sofort
È tornato a casa immediatamente.	Er ist sofort nach Hause gekommen.
ermeticamente [ermetikaˈmente]	dicht, fest, hermetisch
capace [kaˈpaːtʃe]	fähig, in der Lage
incapace [inkaˈpaːtʃe]	unfähig
urgente [urˈdʒɛnte]	dringend, eilig
Devo parlare con il direttore. È una cosa urgente.	Ich muss mit dem Direktor sprechen. Es ist sehr dringend.
molto [ˈmolto]	sehr
bene [ˈbɛːne]	gut, nun, also

> *Bene* ist ein Adverb und *buono* ist das entsprechende Adjektiv:
> *Ho mangiato bene in questo ristorante.* In diesem Restaurant habe ich gut gegessen.
> *Maria è una persona buona.* Maria ist ein guter Mensch.

via [ˈviːa]	weg
È stato per lungo tempo via di casa.	Er ist lange von zu Hause weg gewesen.
Quando è tornata a casa, era andato via.	Als sie nach Hause gekommen ist, war er weg.
non ancora [non aŋˈkoːra]	noch nicht
Carlo non ha ancora fatto i suoi compiti.	Carlo hat seine Hausaufgaben noch nicht gemacht.
ancora [aŋˈkoːra]	immer noch
Vai ancora a scuola?	Gehst du immer noch zur Schule?
per [per]	für
Per me sei il migliore.	Für mich bist du der Beste.
migliore [miʎˈʎoːre]	besser
peggiore [pedˈdʒoːre]	schlechter
La sua malattia è peggiorata.	Seine Krankheit wurde schlimmer.
basilare [baziˈlaːre]	Basis-, grundlegend

Weitere Substantive

la prova ['prɔːva]	Beweis
Abbiamo la prova che lei ha mentito.	Wir haben den Beweis, dass sie gelogen hat.
il rispetto [ri'spɛtto]	Respekt
Ho un grande rispetto per lui.	Ich habe großen Respekt vor ihm.
la considerazione [konsiderat'tsioːne]	Rücksicht, Berücksichtigung
La trattava con grande considerazione.	Er behandelte sie mit großer Rücksicht.
l'attenzione *f* [attent'tsioːne]	Aufmerksamkeit
il significato [siɲɲifi'kaːto]	Bedeutung
Non conosco il significato di questa parola.	Ich kenne die Bedeutung dieses Wortes nicht.
il tentativo [tenta'tiːvo]	Versuch
Il suo tentativo di convincerla era fallito.	Sein Versuch, sie zu überreden, scheiterte.
la soluzione [solut'tsioːne]	Lösung
il problema *m* [pro'blɛːma]	Problem

Achtung! Viele Substantive mit der Endung *–ema* sind trotz Endung *–a* maskulin: *il problema* Problem, *il tema* Thema, *il poema* Epos, *il sistema* System, *il teorema* Lehrsatz, *il morfema* Morphem.

la difficoltà [diffikol'ta]	Schwierigkeit
lo sforzo ['sfɔrtso]	Mühe
Ho fatto un grande sforzo a trovare le risposte corrette.	Ich habe große Mühe gehabt, die korrekte Antwort zu finden.
la libertà [liber'ta]	Freiheit
l'uguaglianza [uguaʎ'ʎantsa]	Gleichheit
la possibilità [possibili'ta]	Chance, Möglichkeit
l'occasione *f* [okka'zioːne]	Gelegenheit
Ha perso l'occasione di presentare le sue idee.	Sie hat die Gelegenheit verpasst, ihre Ideen zu präsentieren.
lo sviluppo [zvi'luːppo]	Entwicklung

l'azione *f* [at'tsio:ne]	Handlung
il progresso [pro'grɛsso]	Fortschritt
Ha fatto progressi considerevoli.	Er hat erhebliche Fortschritte gemacht.
la responsabilità [responsabili'ta]	Verantwortung
la capacità [kapatʃi'ta]	Fähigkeit
l'inizio [i'nittsio]	Anfang
la fine ['fi:ne]	Ende
la cosa ['kɔ:sa]	Ding, Sache

Mit dem Wort *cosa* werden viele Redewendungen gebildet. Hier einige Beispiele:
(Sono) Cose che capitano! So etwas kann passieren!
Cose dell'altro mondo! Unglaublich!
Da cosa nasce cosa. Eins kommt zum anderen.
Ho le mie cose. (fam) Ich habe meine Tage.
Farebbe qualsiasi cosa per te. Für dich würde er/sie alles Mögliche machen.
Tante (belle) cose! Alles Gute!
mettere le cose in chiaro klare Verhältnisse schaffen

la condizione [kondit'tsio:ne]	Bedingung, Zustand
La macchina è in pessime condizioni.	Das Auto ist in einem sehr schlechten Zustand.
Concordo con la tua proposta solo sotto la seguente condizione.	Ich stimme deinem Vorschlag nur unter folgender Bedingung zu.
il danno ['danno]	Schaden
Il danno dell'incidente è notevole.	Der Schaden des Unfalls ist beachtlich.
il pericolo [pe'ri:kolo]	Gefahr
il dettaglio [det'taʎʎo]	Einzelheit
Mi piacerebbe parlare di questa faccenda in dettaglio nel nostro prossimo incontro.	Ich würde diese Angelegenheit gerne in unserem nächsten Meeting in allen Einzelheiten besprechen.
la differenza [diffe'rɛntsa]	Unterschied
il vantaggio [van'taddʒo]	Vorteil
lo svantaggio [svan'taddʒo]	Nachteil
l'errore *m* [er'ro:re]	Fehler
È stato un grande errore sposarti. Vorrei il divorzio.	Es war ein großer Fehler dich zu heiraten. Ich möchte mich scheiden lassen.

la svista ['zvista]	Versehen
l'impressione *f* [impres'sio:ne]	Eindruck
il miglioramento [miʎʎora'mento]	Verbesserung
Il miglioramento dello standard di vita era la priorità assoluta del governo.	Die Verbesserung des Lebensstandards genoss die höchste Priorität der Regierung.
la pazienza [pa'tsiɛntsa]	Geduld
l'impazienza [impat'tsiɛntsa]	Ungeduld
la fortuna [for'tu:na]	Glück

Wenn man jemandem zum Beispiel für eine bevorstehende Prüfung Glück wünschen möchte, sagt man: *In bocca al lupo!* Darauf muss man *Crepi!* antworten.

la sfortuna [sfor'tu:na]	Pech
la questione [kues'tio:ne]	Sache, Angelegenheit
È una questione di vita o di morte.	Das ist eine Sache auf Leben und Tod.
il metodo ['mɛ:todo]	Methode
il misto ['misto]	Mischung
Vorrei un misto di tutto.	Ich möchte eine Mischung aus allem.
il rumore [ru'mo:re]	Lärm, Geräusch
la calma ['kalma]	Stille, Ruhe
il movimento [movi'mento]	Bewegung
l'oggetto [od'dʒɛtto]	Gegenstand, Objekt
la protezione [protet'tsio:ne]	Schutz
la sicurezza [siku'rettsa]	Sicherheit
la posizione [posit'tsio:ne]	Lage, Stellung, Position
Non è nella posizione di avanzare qualsiasi richiesta.	Er ist nicht in der Position, irgendwelche Forderungen zu stellen.
il progetto [pro'dʒɛtto]	Plan, Entwurf
l'intenzione *f* [inten'tsio:ne]	Absicht
Non era mia intenzione ferirti.	Es war nicht meine Absicht, dich zu verletzen.
lo scopo ['skɔ:po]	Zweck, Absicht
Lo scopo di questa iniziativa è raccogliere fondi per il nostro progetto.	Der Zweck dieser Initiative ist, Geld für unser Projekt zu sammeln.

l'obiettivo [obiet'ti:vo]	Ziel
La direzione ha posto obiettivi chiari.	Die Geschäftsführung hat klare Ziele gesetzt.
la causa ['ka:uza]	Grund, Ursache
il segreto [se'gre:to]	Geheimnis
il rischio ['riskio]	Risiko
Salti dal muro a tuo rischio.	Du springst auf eigene Gefahr von der Mauer.
il genere ['dʒɛ:nere]	Sorte, Gattung
il provvedimento [provvedi'mento]	Maßnahme
il successo [sut'tʃɛsso]	Erfolg
Hai avuto molto successo nel tuo lavoro.	Du hast bei deiner Arbeit sehr viel Erfolg gehabt.
l'insuccesso [insut'tʃɛsso]	Misserfolg
la sconfitta [skon'fitta]	Niederlage
Ha ammesso la sua sconfitta.	Er hat seine Niederlage zugegeben.
il valore [va'lo:re]	Wert
Sei un uomo di valore! *fig*	Du bist ein tüchtiger Mann!
l'utilità [utili'ta]	Nutzen
il miracolo [mi'ra:kolo]	Wunder

Am Telefon buchstabiert man auf Italienisch folgendermaßen:

A come Ancona
B come Bologna
C come Como
D come Domodossola
E come Empoli
F come Firenze
G come Genova
H come Hotel
I come Imola
J come Jesolo
L come Livorno
M come Milano
N come Napoli
O come Otranto
P come Palermo (o Padova)
Q come Quarto
R come Roma
S come Savona
T come Torino
U come Udine
V come Verona (o Venezia)
W come Washington
X come xilofono
Y come yogurt
Z come Zara (o Zurigo)

Weitere Verben

andare [an'daːre]	gehen
camminare [kammi'naːre]	laufen
correre ['korrere]	rennen
seguire [se'guiːre]	folgen
Seguiva rigidamente le regole.	Er befolgte streng die Regeln.
saltare [sal'taːre]	springen
cadere [ka'deːre]	fallen
stare in piedi ['staːre in 'piɛːdi]	stehen
sedere [se'deːre]	sitzen
posare [po'zaːre]	stellen, legen, setzen
mettere ['mettere]	setzen, stellen, legen
stare ['staːre]	liegen
dormire [dor'miːre]	schlafen
sognare [soɲ'ɲaːre]	träumen
alzarsi [al'tsaːrsi]	aufstehen
Mi alzo ogni mattina alle sette.	Ich stehe jeden Morgen um sieben Uhr auf.
nascondere [na'skondere]	verstecken

> **i** Das Versteckspiel heißt auf Italienisch *nascondino.* Ein anderes Spiel, welches Kinder gerne mögen, ist *acchiapparello* oder *acchiappino* (Fangen spielen).

afferrare [affer'raːre]	greifen, fangen
portare [por'taːre]	tragen, bringen
Portava tutti i sacchetti con una mano.	Sie trug alle Tüten in einer Hand.
prendere ['prɛndere]	nehmen
dare ['daːre]	geben
girare [dʒi'raːre]	drehen, umdrehen
muovere [mu'ɔːvere]	bewegen
Non ti muovere! Hai una vespa sul braccio.	Beweg dich nicht! Du hast eine Wespe auf deinem Arm.
(andare a) prendere [(an'daːre a) 'prɛndere]	holen

Die Form *andare a* + Infinitiv wird bei verschiedenen Verben verwendet und hat unterschiedliche Bedeutungen. Hier einige Beispiele:

andare a trovare	besuchen
andare a finire male	ein böses Ende nehmen
andare ad abitare (lontano)	(weit weg) ziehen
andare a dormire	schlafen gehen
andare a mangiare	essen gehen

dare da mangiare [ˈdaːre da manˈdʒaːre]	füttern
diventare [divenˈtaːre]	werden
È diventata insegnante.	Sie wurde Lehrerin.
ricevere [riˈtʃeːvere]	bekommen, erhalten
venire [veˈniːre]	kommen
abbandonare [abbandoˈnaːre]	verlassen
ritornare [ritorˈnaːre]	zurückkommen
iniziare [initˈtsiaːre]	anfangen, beginnen
smettere (di) [ˈzmɛttere (di)]	aufhören, beenden
comportarsi [komporˈtaːrsi]	sich verhalten, sich benehmen
Si è comportato come un idiota.	Er hat sich wie ein Idiot benommen.
provare [proˈvaːre]	versuchen
scegliere [ˈʃeʎʎere]	wählen
aprire [aˈpriːre]	öffnen
chiudere [ˈkiuːdere]	schließen
chiudere a chiave [ˈkiuːdere a ˈkiaːve]	abschließen
raccogliere [rakˈkɔʎʎere]	sammeln
paragonare [paragoˈnaːre]	vergleichen
confondere [konˈfondere]	verwechseln, durcheinander bringen
Confondeva i due nomi.	Sie verwechselte die beiden Namen.
Confonde sempre tutto.	Sie bringt immer alles durcheinander.
continuare [kontiˈnuaːre]	fortfahren, weitermachen
passare [pasˈsaːre]	erleben
Ne ha già passate di tutti i colori. *fig*	Er hat schon viel erlebt.
colpire [kolˈpiːre]	schlagen
rompere [ˈrompere]	brechen, zerbrechen

buttare [butˈtaːre]	werfen
Butta la pasta nella pentola.	Gib die Nudeln in den Topf.
Arrivo fra cinque minuti.	Ich komme in fünf Minuten.
lottare [lotˈtaːre]	kämpfen
tenere [teˈneːre]	halten
Tenga pure gli spiccioli.	Behalten Sie ruhig das Wechselgeld.
mantenere [manteˈneːre]	behalten
Sai mantenere un segreto?	Kannst du ein Geheimnis für dich behalten?
ferire [feˈriːre]	verletzen
sapere [saˈpeːre]	wissen
conoscere [koˈnoʃʃere]	kennen
Angela? No, non la conosco.	Angela? Nein, die kenne ich nicht.
lasciare [laʃˈʃaːre]	lassen
Lascialo andare!	Lass ihn gehen!
cercare [tʃerˈkaːre]	suchen
Cercavano le lenti a contatto in bagno.	Sie suchten die Kontaktlinsen im Bad.
Cerco un nuovo lavoro.	Ich suche einen neuen Job.
trovare [troˈvaːre]	finden
fare [ˈfaːre]	machen
accendere [atˈtʃɛndere]	anmachen
spegnere [ˈspeɲɲere]	ausmachen
organizzare [organidˈdzaːre]	organisieren
scuotere [skuˈɔːtere]	schütteln
sembrare [semˈbraːre]	scheinen
Sembra essere molto felice.	Er scheint sehr glücklich zu sein.
apparire [appaˈriːre]	erscheinen
tirare [tiˈraːre]	ziehen
spingere [ˈspindʒere]	schieben, drücken
accettare [attʃetˈtaːre]	akzeptieren, annehmen
Accetto questa grande sfida!	Ich nehme die große Herausforderung an!
asserire [asseˈriːre]	behaupten, versichern
vincere [ˈvintʃere]	gewinnen
perdere [ˈpɛrdere]	verlieren
Non perdere le chiavi, altrimenti non riusciamo più ad entrare in casa.	Verlier die Schlüssel nicht, sonst kommen wir nicht mehr ins Haus.

Hilfs- und Modalverben

essere ['ɛssere]	sein
Sono di Monaco die Baviera.	Ich bin/komme aus München.
fare ['fa:re]	tun
Non ho niente da fare.	Ich habe nichts zu tun.
avere [a've:re]	haben
Hai d'accendere?	Hast du Feuer?
potere [po'te:re]	können, dürfen
Posso avere una tazza di tè, per favore?	Kann ich bitte eine Tasse Tee haben?
Potrei essere in viaggio.	Ich könnte verreist sein.
dovere [do've:re]	müssen, sollen
Se dovessi sbrigarti prima, puoi ritirare il mio vestito in lavanderia, per favore?	Solltest du früher fertig sein, kannst du meinen Anzug aus der Reinigung bitte abholen?
Dovresti fare maggiore attenzione alle tue spese.	Du solltest besser auf deine Ausgaben achten.
Non devi chiamare prima delle dieci.	Du sollst nicht vor zehn Uhr anrufen.
Dovresti dirgli la verità.	Du solltest ihm die Wahrheit sagen.

Im Gegensatz zum Deutschen gibt es im Italienischen nur drei Modalverben und zwar *dovere, potere* und *volere*.
Dovere hat die Bedeutung von ‚müssen' und ‚sollen', *potere* bedeutet ‚dürfen' und ‚können' und *volere* ‚wollen' und ‚mögen'.

Achtung! Das Verb ‚können' im Sinne von ‚in der Lage sein, etwas zu machen', wird auf Italienisch mit dem Verb *sapere* ausgedrückt: *Sa preparare torte gustose.* Er kann leckere Kuchen backen.

non potere [non po'te:re]	nicht dürfen
Non puoi dirlo a nessuno, è un segreto tra di noi.	Du darfst es niemandem sagen, es ist ein Geheimnis zwischen uns.
avere bisogno (di) [a've:re bi'zoɲɲo (di)]	brauchen
Potrei aver bisogno di una pausa.	Ich könnte eine Pause gebrauchen.
Hai bisogno della macchina?	Brauchst du das Auto?

Funktionswörter

1. Präpositionen

a [a]	auf, an, nach, zu

Die Präposition *a* kann im Italienischen unterschiedliche Funktionen erfüllen. z.B.:
Vado a Roma. Ich fahre nach Rom.
Abito a Roma. Ich wohne in Rom.
La lezione comincia a mezzogiorno. Der Unterricht fängt am Mittag an.
A dieci anni ho cominciato a studiare pianoforte. Mit zehn Jahren habe ich angefangen, Klavierstunden zu nehmen.

da [da]	von, bei
Il libro è stato scritto da Alberto Moravia.	Das Buch ist von Alberto Moravia geschrieben worden.
Parto ora da Roma.	Ich fahre jetzt von Rom ab.

Als örtliche Präposition wird *da* oft mit Personen verwendet.
Vado da Marco. Ich gehe zu Marco.
Sono da Marco. Ich bin bei Marco.

per [per]	für, durch, mittels, per
Ha ricevuto le documentazioni per posta.	Er hat die Unterlagen per Post erhalten.
in [in]	in
con [kon]	mit
Vieni da sola stasera o con i tuoi genitori?	Kommst du heute Abend alleine oder mit deinen Eltern?
senza ['sɛntsa]	ohne
su [su]	über
di [di]	von
da ... a [da … a]	von ... bis
Siamo aperti da lunedì a venerdì dalle otto del mattino alle otto di sera.	Wir haben von Montag bis Freitag von acht Uhr morgens bis acht Uhr abends geöffnet.

tra [tra]	zwischen, unter, inmitten
Sei tra amici.	Du bist unter Freunden.
Non c'è una differenza evidente tra l'originale e l'imitazione.	Es gibt keinen sichtbaren Unterschied zwischen dem Original und der Imitation.

2. Konjunktionen

e [e]	und
o [o]	oder
ma [ma]	aber, sondern
sia ... sia ['siːa ...'siːa]	sowohl … als auch
così come [ko'si 'koːme]	so wie
Ha cominciato a piovere così come aveva predetto Mario.	Es hat angefangen zu regnen, so wie Mario vorhergesagt hatte.
da [da]	als
Da bambina giocava sempre con le bambole.	Als Kind spielte sie immer mit Puppen.
come ['koːme]	wie
durante [du'rante]	während
tanto quanto ['tanto 'kuanto]	genauso wie
Carlo è carino tanto quanto suo fratello.	Carlo sieht genauso gut aus wie sein Bruder.
se [se]	wenn, falls, ob
Se piove, non andiamo al mare.	Wenn es regnet, gehen wir nicht ans Meer.
Quando è tornato a casa, ha trovato il frigorifero vuoto.	Als er nach Hause gekommen ist, hat er den Kühlschrank leer vorgefunden.
per [per]	um zu
Per montare tutti i pezzi correttamente devi leggere prima le istruzioni.	Um alle Teile richtig zu montieren, musst du zuerst die Anleitung lesen.
che [ke]	dass
da una parte ... dall'altra [da 'una 'parte … dall 'altra]	einerseits ... andererseits
Da una parta la macchina è molto cara, dall'altra la sua qualità giustifica il prezzo.	Einerseits ist das Auto sehr teuer, auf der anderen Seite rechtfertigt seine Qualität den Preis.
né ... né [ne … ne]	weder ... noch

Né andrò alla sua festa, né la inviterò alla mia.	Ich werde weder zu ihrer Party gehen noch sie zu meiner einladen.
o ... o [o … o]	entweder… oder
Andiamo a Londra o questo o il prossimo fine settimana.	Wir fahren entweder dieses oder nächstes Wochenende nach London.
sebbene [seb'bɛːne]	obwohl, auch wenn
Sebbene l'avesse pregata di essere puntuale, lei è venuta in ritardo.	Obwohl er sie ausdrücklich darum gebeten hatte pünktlich zu sein, ist sie zu spät gekommen.

Achtung! Die Konjunktion *sebbene* wird immer mit dem Konjunktiv verwendet. *Sebbene non abbia fame, mangio qualcosa.* Obwohl ich keinen Hunger habe, esse ich etwas.

perché [per'ke]	weil
tuttavia [tutta'viːa]	jedoch
Questo vestito è bellissimo. Tuttavia non riesco a decidermi a comprarlo.	Dieses Kleid ist sehr schön. Ich kann mich jedoch nicht entschließen es zu kaufen.
così [ko'si]	so

3. Fragewörter

chi [ki]	wer
Chi è quel tipo con cui hai parlato?	Wer ist der Typ, mit dem du geredet hast?
dove ['doːve]	wo
Dove sono i miei libri?	Wo sind meine Bücher?
che cosa [ke 'kɔːsa]	was
Che cosa ha detto?	Was hat sie gesagt?
quando ['kuando]	wann
Quando hai chiamato?	Wann hast du angerufen?
perché [per'ke]	warum, weshalb
Perché non me ne hai parlato?	Warum hast du mir nichts davon erzählt?
come ['koːme]	wie
Com'è stato il film?	Wie war der Film?
a chi [a ki]	wem
A chi hai dato le chiavi?	Wem hast du die Schlüssel gegeben?

di chi [di ki] — wessen
Di chi sono queste chiavi? — Wessen Schlüssel sind das hier?/Wem gehören diese Schlüssel?

quale [ˈkuaːle] — welche
Quale delle due camicie ti piace di più? — Welches der beiden Hemden gefällt dir besser?

4. Pronomen

io [ˈiːo] — ich
Questo nella foto sono io. — Das bin ich auf dem Foto.
tu [tu] — du
lui/lei [ˈluːi/ˈlɛːi] — er/sie/es
Lei [ˈlɛːi] — Sie
noi [ˈnoːi] — wir
voi [ˈvoːi] — ihr
loro [ˈloːro] — sie
Loro [ˈloːro] — Sie

> *i* Im Italienischen werden die Personalpronomen (*io, tu, ...*) weggelassen, weil die Verbalendungen genügen, um das Subjekt des Satzes zu verstehen. Die Personalpronomen werden nur dann verwendet, wenn man etwas nachdrücklich betonen will oder wenn Missverständnisse auftauchen können.
> *A colazione bevo il latte.* Zum Frühstück trinke ich Milch.
> *A colazione io bevo il latte e tu bevi il caffè.* Ich trinke Milch zum Frühstück, du trinkst Kaffee.
> *Non sono stata io, sei stato tu!* Das war nicht ich, das warst du!

mio/a [ˈmiːo/a] — mein, -e, -er
tuo/a [ˈtuːo/a] — dein, -e, -er
suo/a [ˈsuːo/a] — sein, -e, -er /ihr, -e, -er /Sein, -e, -er/Ihr, -e, -er, -es
nostro/a [ˈnɔstro/a] — unser, -e, -er
vostro/a [ˈvɔstro/a] — euer, eure, eurer
loro [ˈloːro] — ihr, -e, -er, -es/Ihr, -e, -er, es

mi [mi]	mich, mir,
Dammi il libro!	Gib mir das Buch!
ti [ti]	dich, dir
gli/le [ʎi/le]	ihm/ihr/ihm
lo/la [lo/la]	ihn/sie/ihn, er/sie/es
ci [tʃi]	uns
vi [vi]	euch
loro [ˈloːro]	ihnen
si [si]	sich/man (selbst)
io stesso/a [ˈiːo ˈstesso/a]	mir/ich (selbst)
Grazie per la proposta, ma devo farlo io stesso.	Danke für den Vorschlag, aber ich muss das selber machen.
tu stesso/a [tu ˈstesso/a]	dir/du (selbst)
se stesso/a [se ˈstesso/a]	er/sich (selbst), sie/sich (selbst), es/sich (selbst)
noi stessi/e [ˈnoi ˈstessi/e]	wir/uns selbst
voi stessi/e [ˈvoi ˈstessi/e]	ihr/euch selbst
loro stessi/e [ˈloːro ˈstessi/e]	sie/sich selbst
ognuno/a [oɲˈɲuːno/a]	jede(r, s)
Ognuno di voi riceve un regalo.	Jeder von euch erhält ein Geschenk.
a vicenda [a viˈtʃɛnda]	einander, (sich) gegenseitig
Gli studenti si aiutavano a vicenda nei compiti.	Die Studenten halfen sich gegenseitig bei den Hausaufgaben.
tutti [ˈtutti]	alle
Tutti sono venuti alla sua festa.	Alle sind zu seiner Party gekommen.
Non è difficile, tutti potrebbero farlo.	Es ist nicht schwer, jeder könnte das machen.
qualcuno [kualˈkuːno]	jemand, irgend jemand, jeder
Qualcuno sa dov'è Mario?	Weiß irgend jemand, wo Mario ist?
nessuno [nesˈsuːno]	niemand
si [si]	man
Non si fa!	Das macht man nicht!
tale [ˈtaːle]	solche(r, s)
È talmente stupido!	Er ist wirklich so doof!
tutto [ˈtutto]	alles
qualcosa [kualˈkɔːsa]	etwas, irgend etwas
niente [ˈniɛnte]	nichts

Übersicht über verwendete unregelmäßige Verben

Infinitiv	Präsens	Partizip Perfekt	Pass. Rem.	Imperfekt
accendere	*accendo*	*acceso*	*accesi*	*accendevo*
aprire	*apro*	*aperto*	*aprii*	*aprivo*
avere	*ho*	*avuto*	*ebbi*	*avevo*
andare	*vado*	*andato*	*andai*	*andavo*
bere	*bevo*	*bevuto*	*bevvi*	*bevevo*
conoscere	*conosco*	*conosciuto*	*conobbi*	*conoscevo*
dare	*do*	*dato*	*detti*	*davo*
decidere	*decido*	*deciso*	*decisi*	*decidevo*
dire	*dico*	*detto*	*dissi*	*dicevo*
essere	*sono*	*stato*	*fui*	*ero*
fare	*faccio*	*fatto*	*feci*	*facevo*
finire	*finisco*	*finito*	*finii*	*finivo*
leggere	*leggo*	*letto*	*lessi*	*leggevo*
piacere	*piaccio*	*piaciuto*	*piacqui*	*piacevo*
potere	*posso*	*potuto*	*potei*	*potevo*
prendere	*prendo*	*preso*	*presi*	*prendevo*
preferire	*preferisco*	*preferito*	*preferii*	*preferivo*
salire	*salgo*	*salito*	*salii*	*salivo*
sapere	*so*	*saputo*	*seppi*	*sapevo*
scegliere	*scelgo*	*scelto*	*scelsi*	*sceglievo*
scendere	*scendo*	*sceso*	*scesi*	*scendevo*
scrivere	*scrivo*	*scritto*	*scrissi*	*scrivevo*
spegnere	*spengo*	*spento*	*spensi*	*spegnevo*
stare	*sto*	*stato*	*stetti*	*stavo*
tenere	*tengo*	*tenuto*	*tenni*	*tenevo*
uscire	*esco*	*uscito*	*uscii*	*uscivo*
vedere	*vedo*	*visto*	*vidi*	*vedevo*
venire	*vengo*	*venuto*	*venni*	*venivo*
vivere	*vivo*	*vissuto*	*vissi*	*vivevo*
volere	*voglio*	*voluto*	*volli*	volevo

„Falsche Freunde“

Es gibt einige Begriffe, die im Italienischen genauso klingen wie im Deutschen, aber eine ganz andere Bedeutung haben. Man nennt sie „falsche Freunde”. Auf einige wurde in den vorhergehenden Infokästen schon hingewiesen. Hier noch weitere Beispiele:

ambulanza ≠ Ambulanz
ambulanza = Krankenwagen
Ambulanz = **infermeria**

brutto ≠ Brutto
brutto = hässlich
Brutto = **lordo**

cantina ≠ Kantine
cantina = Keller
Kantine = **mensa**

casino ≠ Kasino
casino = Bordell
Kasino = **casinò**

firma ≠ Firma
firma = Unterschrift
Firma = **ditta**

nonna ≠ Nonne
nonna = Großmutter
Nonne = **suora**

messa ≠ Messe
messa = Gottesdienst
Messe = **fiera**

paletta ≠ Palette
paletta = (kleine) Schaufel
Palette = **tavolozza**

pelle ≠ Pelle
pelle = Haut
Pelle = **buccia**

regalo ≠ Regal
regalo = Geschenk
Regal = **scaffale**

scialle ≠ Schal
scialle = Schultertuch
Schal = **sciarpa**

stipendio ≠ Stipendium
stipendio = Gehalt
Stipendium = **borsa di studio**

tappeto ≠ Tapete
tappeto = Teppich
Tapete = **carta da parati**

termine ≠ Termin
termine = Ende
Termin = **appuntamento**

W